Denk ich an Heimat

Ein Straßenbuch von APROPOS

Impressum

1. Auflage Salzburg, November 2010, 6.000 Stück

Herausgeberin Straßenzeitung Apropos, Soziale Arbeit GmbH . www.apropos.or.at

Konzept/Organisation/Redaktion Michaela Gründler, Anja Pia Keglevic, Hans Steininger

Schreibwerkstättenleitung & Redaktion Walter Müller

Photos: Bernhard Müller . www.fokusdesign.com

Photohintergrund/Malerei Rudolf Bartsch

Design & Layout Annette Rollny . www.fokusdesign.com

Lektorat Gabor Karsay . info@textpruefer.at

AutorInnen Evelyne Aigner, Georg Aigner, Gerhard Entfellner, Ognyan Borisov Georgiev, Kurt Ignaz, Erwin Kellner, Kurt Mayer, Narcista Morelli, J. Rosario, Bruno Schnabler, Gertraud Schwaninger, Luise Slamanig, Rolf Sprengel, Sonja Stockhammer, Hanna S.

Druckerei Laber Druck

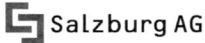

Denk ich an Heimat …

Es gibt keinen Menschen ohne Heimat. Heimat, das kann ein Ort, ein Mensch, ein Glaube sein. Immer aber ist es ein Gefühl von Zugehörigkeit, von Geborgenheit und Zuhause-Sein – und in diesem Fall ein Apropos-Lesebuch.

Nicht immer ist uns bewusst, wie durchdrungen wir von Heimat sind und wie stark wir uns nach diesem Ort auf der Landkarte und im Herzen sehnen. Oft lernen wir Heimat erst dann zu schätzen, wenn wir sie verloren haben, doch immer ist sie die Antwort auf die Frage: „Wo gehöre ich hin?"

Für eine Straßenzeitung liegt das Thema „Heimat" nahe, kommen doch Menschen zu uns, die sich sehr intensiv damit beschäftigen. Sei es, dass sie in ihrem Leben ein schützendes Dach vermissen, sei es, dass sie ihren inneren Halt, Freunde oder Familie verloren haben, sei es, dass ihre Welt an einem bestimmten Zeitpunkt ihres Lebens aus den Fugen geraten ist. Sie kennen sie genau, die Frage: „Wo gehöre ich hin?" Und für dieses Buch haben sie gezielt und sehr poetisch nach Antworten gesucht.
Unsere VerkäuferInnen und AutorInnen blicken nach vorne – auch wenn sie zurückblicken. Für dieses Buch schrei-

ben neben erprobten Schreibwerkstatt-AutorInnen erstmals auch VerkäuferInnen, die noch nie zur Feder gegrif-
fen haben. Die 15 Buch-AutorInnen bleiben aber nicht im
Biographischen verhaftet, manche mengen ihren Texten
auch eine Prise Phantasie bei. Und so sind Geschichten
entstanden, die bewegen, berühren, zum Nachdenken
anregen, aber auch zum Lachen bringen. Dabei wurden
sie vom Salzburger Schriftsteller Walter Müller in Schreib-
werkstätten und im persönlichen Gespräch unterstützt und
ermuntert, ihre schreiberische Kraft auszuloten – und diese
ist enorm, wie wir finden.

Auch Fotograf Bernhard Müller lockte neue Facetten unserer AutorInnen hervor: Sie zeigen sich in einer Band-
breite vom Philosophen bis zur Diva, mal versunken im
Heimatgefühl, mal wach im Jetzt. Grafikerin Annette Rollny hat jeden Text in seiner Besonderheit gestaltet und mit
den ganz persönlichen Handschriften und Heimatsymbo-
len unterlegt.

Wie beim Straßenbuch „Alles bei Leopoldine" (2004 in
Kooperation mit dem Verein prolit), beim Kalender „Auf
den zweiten Blick" (2007) und den beiden Kochbüchern
(2007 und 2008) gehört die Hälfte des Erlöses der Verkäuferin bzw. dem Verkäufer.

Wir wünschen Ihnen aufschlussreiche und genussvolle
Antworten auf die Frage: „Wo gehöre ich hin? Was ist
Heimat?"

Ihr Apropos-Team

ARBEITERKAMMER SALZBURG . Präsident Siegfried Pichler
Heimat hat für mich eine Bedeutung von räumlicher, menschlicher Zugehörigkeit, von Vertrautem
und (sozialer) Sicherheit – ein Ort, an dem man gern zuhause ist, sich wohlfühlt und Lebensverhält-
nisse findet, die stabil sind. Als Interessenvertretung der Salzburger Arbeitnehmerinnen und Arbeit-
nehmer wollen wir unseren Beitrag dazu leisten!

Inhalt

Die Wörter zum Schweben bringen

Schreiben ist die schönste Sache der Welt. Und die einsamste. Das weiße Blatt im Notizheft, die leere Datei am Computerbildschirm. Jetzt sollte der erste Satz kommen, aber er kommt nicht. „Mir fällt nichts ein!" Das kenne ich.

Die Geschichten im Kopf entstehen ja meist nicht am Schreibtisch, sondern ganz woanders: sehr oft beim Gehen, beim Beobachten, beim Reden mit anderen Menschen. In der Badewanne. Oder im Kaffeehaus. Das Café ist mein Geschichtenerfindungsort, mein Schreibplatz – meine Heimat. Ich könnte ohne Schreiben nicht leben, ich könnte ohne Kaffeehaus nicht leben. Oder schon, aber um Häuser unglücklicher. Jeder hat seinen Geschichten- erfindungsort und seinen Schreibplatz. Die Natur ist ein wunderbarer Kos- mos für jeden Schreibenden. Spazierengehen, Beobachten, Tagträumen – so entstehen lebhafte Bilder, Erinnerungen, Fantasien, aus denen Geschichten, Gedichte, Gedankentexte werden.

Schreiben muss man allein. Themen aushecken, Ideen durchspinnen kann man in der Gruppe besser. Unsere Meetings, als Vorbereitung für dieses Buch, waren Treffen für den Gedankenaustausch. Wir haben uns in kleinen Gruppen in der „Apropos"-Redaktion zusammengesetzt und über Gott und die Welt geredet. Auch über unser Schreibthema: „Heimat". Heimatlosigkeit, Heimatverlust, das Suchen nach, das Finden von neuen Heimaten. Aber vor allem über uns selbst, unsere Lebenserfahrungen, unsere Schicksale, unsere

Träume, über das Schöne und das Hässliche im Leben. Ich war fasziniert und tief berührt, mit welcher Offenheit jeder seine ganz private Geschichte erzählt hat. In den Gesprächen sind die Themen für die künftigen Geschichten aufgetaucht. Ein Wort, ein Satz, eine Erinnerung. Ich musste manchmal nur einen Gedanken umdrehen oder vergrößern, damit daraus der Beginn eines Textes werden konnte. Einfach die Wörter zum Schweben bringen.

Das Schreiben ist eine einsame Sache. Geschrieben hat jeder, hat jede der Mitwirkenden an diesem Buch für sich alleine. Am Küchentisch, auf der Parkbank, im Zug, mit der Schreibmaschine, mit dem Kugelschreiber, gleich nach dem Aufwachen, spät in der Nacht. Ein ganzes Universum an Gedanken und Geschichten ist so entstanden. Mit einigen der SchreiberInnen hab ich mich persönlich getroffen, im „Shakespeare" oder beim „Flöckner" oder wir haben am jeweiligen Straßenzeitungs-Verkaufsplatz im Stehen über die Texte geplaudert. Mit anderen hab ich telefoniert oder gemailt. Hab kleinere oder größere „schreibkosmetische" Vorschläge gemacht, bis die in diesem Buch abgedruckten Texte aus unserer Sicht abgerundet waren.
Ich habe viel gelernt in dieser Zeit, nicht nur über Heimat, mehr noch über Menschenwürde, Ehrlichkeit, die zärtliche Kraft von Menschen, die nicht nur Schönes erlebt haben. Ich bin dankbar für jede einzelne Begegnung und für viele, viele Sätze, die ich gehört oder gelesen habe.

Walter Müller

Heimat ist für mich die Ortschaft,
wo ich aufwuchs, eine Tennengauer
Gemeinde, und ich denke dabei auch
an meine Mutter, die voriges Jahr
verstarb. Die Fotos sind aus meiner
Gemeinde und zeigen einige Gebäu-
de und ich bin auch noch sehr oft in
Kuchl, da ich dort verkaufe und viele
Kunden habe.

EVELYNE AIGNER

Aigner Evelyne

Heimat ist fü

ich aufwuchs

d ich denke

GEORG AIGNER

Heimat ist für mich einfach die Verbundenheit zu meiner Familie im Pinzgau und das ganze Land Salzburg, das ist mir aber erst nach 10 Jahren Gefangenschaft bewusst geworden. Anbei ein Foto von mir mit meiner Mutter, weil sie mir in meiner Jugend alles beigebracht hat, was man im Leben wissen muss.

13

Vom Fortgehen und vom Heimkommen

Ich heiße Evelyne, wurde am 9. 5. 1968 in Wien-Währing geboren. Meine Mutter hatte damals Probleme mit dem Alkohol und deshalb kam ich gleich nach der Geburt für vier Monate ins Kinderheim der Klinik.

> g: Ich heiße Georg, bin in Stuhlfelden im Oberpinzgau geboren. Als jüngster Sohn habe ich es immer sehr genossen, der Lieblingsbruder von sechs Geschwistern zu sein.

Mit vier Monaten also kam ich zu meinen Pflegeeltern, nach Kuchl. Diese Pflegeeltern hatten bereits zwei erwachsene Töchter, die in der Schweiz lebten, sowie eine Tochter, die zuhause wohnte und noch zur Schule ging. In Kuchl wurde ich am Bahnhof abgeholt, vom Pflegevater und der Tochter.

> g: Ich erinnere mich gerne an meine Kindheit zurück, obwohl mein Vater sehr streng war.

Ich hatte bald eine Menge Freunde und Freundinnen in der Nachbarschaft. Wir hatten immer viel Spaß und waren überall dabei, wo was los war. Im Sommer am liebsten am Badesee. Ich war eine richtige Schwimmratte, wollte nie aus dem Wasser heraus.

16

g: Mit 15 Jahren kam ich von zuhause weg, nach Zell am See, wo ich auf Geheiß meines Vaters eine Metzger-Lehre begann.

e In Kuchl besuchte ich die Volks- und die Hauptschule und hatte viel Freude dabei, beim Unterricht, bei den Ausflügen, den Skiwochen, auf der Wien-Woche. Ja, und im Chor hab ich auch mitgesungen.

g: Später fing ich dann als Holzknecht an, weil diese Arbeit einfach besser bezahlt wurde. Da begann ich auch zu trinken. Ich wusste damals noch nicht, welchen Weg ich damit eingeschlagen hatte.

e Meine Großmutter wurde von allen Dosi genannt. Sie lebte bei meiner Pflegemutter und war ihr immer eine große Hilfe. Über den Vater kann ich nicht viel Gutes erzählen. Als die Großmutter alt und pflegebedürftig wurde, kümmerte sich meine Pflegemutter um sie. Die Oma Dosi starb 1979 im Alter von 96 Jahren. Ich denke gerne an sie.

g: Durch den Alkohol baute auch meine Kraft und meine Leistung ziemlich schnell ab, ich wurde arbeitslos. Und später auch kriminell.

e Als ich sechs Jahre alt war, fuhr der Pflegevater mit mir in die Schweiz zu seinen Töchtern, meinen Zieh-Schwestern. Wir unternahmen gemeinsam eine Menge und hatten auch ziemlich viel Spaß. Trotzdem hatte ich Heimweh nach Kuchl und Sehnsucht nach der Mutter. Mein Pflegevater verstarb 1982.

g: Ich zog nach Salzburg, weil ich im Pinzgau in Verruf geriet. In der Stadt wurde mir zum ersten Mal in meinem Leben bewusst, was der Pinzgau für mich persönlich bedeutete. Ich war sehr traurig, dass ich von daheim fortgegangen, in die Stadt „ausgewandert" war.

17

1983 übersiedelten wir nach Hallein und ich besuchte die
Haushaltungsschule. Das Bedürfnis, meine richtige Mutter
kennenzulernen, war im Lauf der Jahre immer stärker geworden. Weil ich damals viel Blödsinn machte, wurde ich
für ein Jahr nach Klagenfurt geschickt, ins Heim. Aber
dort brannte ich durch, fuhr nach Graz – und lernte endlich meine Mutter kennen.

g: Ich war noch nicht lang in Salzburg, da beging ich mit ein paar
anderen gemeinsam eine Straftat. Ich bekam sieben Jahre Gefängnis und wurde nach Graz, in die Karlau, überstellt. Jetzt fing
ich an, richtig über alles nachzudenken. Über meine Heimat,
meine Familie. Meine Mutter kam mir oft in den Sinn. Wir waren
ja, damals, echt arge und sehr temperamentvolle Kinder. Reich
war unsere Familie nicht. Die Mutter musste zum Beispiel die
Wäsche in einem Bach waschen, der in der Nähe des Hauses
vorbeifloss. Sie hatte vom kalten Wasser oft blaue Hände, vor
allem im Winter. Wenn sie die Wäsche vom Bach nachhause
brachte, saß ich manchmal zwischen den Wäschestücken auf
dem Leiterwagen. Gejammert oder geklagt hat die Mutter nie.
Und auch wenn die Küchenkastl meistens leer waren – zu essen hatten wir immer reichlich. Ich rätsle heute noch, wie sie
das geschafft hat. Vor ein paar Jahren hab ich sie danach gefragt, sie hat mir als Antwort nur ein gütiges Lächeln geschenkt.

e   Es war für mich total schön, als ich meine Mutter endlich
    sah. Sie lebte schon etwa zwanzig Jahre in einem Heim und
    fühlte sich dort auch wohl. Ein Leben „draußen" wäre für
    sie undenkbar gewesen. Ich hatte jedenfalls Kontakt mit
    ihr. Und das war das Wichtigste.

g: Unsere Mutter hat die Familie immer zusammengehalten,
auch in schweren Zeiten. Dass sie unzufrieden mit ihrem
Leben wäre oder traurig, hätte sie uns nie gezeigt. Wenn
ich sie heute besuche, sitzt sie meistens auf der Bank vor
dem Haus. Man muss ihr nur ins Gesicht schauen, dann
sieht man ihre Güte und Zufriedenheit. So wie es immer
war. „Wie ist das, wenn man Alkohol trinkt?", hat sie mich
einmal gefragt. Ich habe es ihr erzählt. Sie hat nur gemeint:
„Das ist dumm. Schade ums Geld!" Mit meiner Mutter hab
ich oft nur kurze, aber immer sehr aussagekräftige Gespräche führen können.

e   Ich kam noch in ein weiteres Heim, in Niederösterreich.
    Und dann nach Salzburg, in die „Krise", die Krisenstel-
    le für Jugendliche in Itzling, und in die „TWG", die the-
    rapeutische Wohngemeinschaft. Ich lernte den „Saftladen"
    kennen und den Frauentreffpunkt. Das war 1987.

g: Die Erinnerungen! Wir Buben haben uns von den Mülldepo-
ponien Schrott besorgt und Fahrräder daraus gebastelt.
Andere Kinder bekamen nagelneue Räder. Wir machten sie
selber; wir wussten uns immer zu helfen. Im Winter haben
meine Geschwister und ich auf dem zugefrorenen Teich mit
dicken Ästen von Erlenbäumen und einer Coladose Eisho-
ckey gespielt. Jeder war mit großem Eifer bei der Sache
– und die Mutter musste alle zwanzig Minuten einen von
uns verarzten. Das war oft schmerzhaft, aber wir alle waren
total glücklich bei diesen Spielen.

19

e

Die Erinnerungen! Ich habe eine meiner Lehrerinnen von damals, aus der Hauptschulzeit in Kuchl, die Frau Fachlehrer Pucher, gebeten, sich für diese Geschichte an mich zu erinnern. Sie, die in mehr als dreißig Dienstjahren sehr viele Kinder unterrichtet hat, wie man sich ja vorstellen kann, hat geschrieben:

„Als ich vor ein paar Jahren die Straßenzeitung Apropos erwarb und durchlas, stieß ich auf das Bild von Evelyne. Ich erkannte sie sofort. Sie ist eine von den vielen Schülerinnen und Schülern, die mir gut in Erinnerung geblieben sind, obwohl ich ihre Klasse nur in einem Gegenstand unterrichtete. In ihrer Schulzeit wurde sie Susi genannt, obwohl sie in den Klassenlisten als Evelyne geführt wurde. Warum, wurde mir nie ganz klar. Von ihrer familiären Situation bekam ich nur so viel mit, dass sie bei Pflegeeltern aufwuchs. Wenn ich an Evelyne erinnert werde, dann erinnere ich mich sofort an ihr verschmitztes Lächeln, das ich auf manchen Fotos wiedererkennen kann."

g: Erst viel später in meinem Leben wurde mir bewusst, dass ich in meiner Jugend, im Pinzgau, sehr, sehr viel gelernt habe, was man ein ganzes Leben lang gut gebrauchen kann: aus nichts oder nicht viel etwas zu machen.

Ich bekam ein Zimmer in der Saalachstraße und lebte dort bis 1992. Dann erhielt ich meine erste Gemeindewohnung in der Alpenstraße. Es war eine kleine Wohnung, aber es war meine Wohnung. Später kam ich in die Schmiedingerstraße. Das war mein Zuhause bis zum Jahr 2000.

g: Ich hatte auch immer Kontakt zu meinen Geschwistern. Aber als ich dann für sieben Jahre eingesperrt wurde, meldete sich niemand mehr bei mir. Als hätte ich nie existiert. Das heißt: Meine kleine Schwester, die zehn Jahre nach mir geboren ist, an meiner Seite groß geworden ist und die aus diesem Grunde wohl so an mir hängt, hat die Verbindung nie abreißen lassen. In den ersten Jahren der Haft hab ich mich unendlich gekränkt, dass sonst niemand etwas von mir wissen wollte. Dass niemand, außer der kleinen Schwester, gefragt hat, wie es mir geht. Dass man mich vergessen hat.

Im Jahr 1999 lernte ich meinen späteren Mann kennen. Er war aufgrund einer Straftat für sieben Jahre ins Gefängnis gekommen. Ich hielt zu ihm und wartete. Es waren oft sehr harte Zeiten, aber wir schafften es.

g: Da gehen einem tausend Gedanken durch den Kopf. Am Ende dieser Gedanken und nach einigen Jahren bin ich selber zur Überzeugung gekommen, dass ich ganz allein für mich verantwortlich bin und dass jede Entscheidung mir alleine obliegt. Und dass ich selber immer und überall die Konsequenzen tragen muss.

Ich fing auch damit an, Zeitungen zu verkaufen und selber für die Zeitung zu schreiben. Nach Kuchl fahre ich oft und gerne und treffe dort immer eine Menge Freunde und Bekannte. Das macht mich fröhlich, da kommt mir dann die Kinder- und Jugendzeit in den Sinn.

g: Das Schlimmste hinter Gittern war, dass ich es mit meinem Freiheitsdrang fast nicht aushielt, und vor allem, dass ich die Heimat nicht sehen konnte. Dass ich so lange keine richtige Heimat hatte. Damals hab ich mir geschworen: Wenn all diese Jahre vorbei sind, werde ich meine Heimat nicht mehr verlassen.

Wenn ich in Kuchl bin, gibt es immer nette Gespräche; manchmal treffe ich auch Lehrer und Lehrerinnen von früher, die sich an mich erinnern und sich über die positive Veränderung in meinem Leben herzlich freuen.

g: Vor drei Jahren haben Evelyne und ich geheiratet.

Jetzt verkaufen und schreiben wir gemeinsam.

g: Ich habe auch gelernt, ein wenig zu verstehen, was es heißt, alles zu verlieren.

04/16/2010

ERSTE SALZBURGER SPARKASSE KULTURFONDS
Generaldirektorin Regina Ovesny-Straka

In Zeiten der Globalisierung und weltweiten Vernetzung bekommt der Begriff Heimat eine neue Dimension. Ist nicht die gesamte Erde unsere Heimat? Heimat ist jedenfalls dort, wo man sich menschlich geborgen fühlt, wo Menschen in Frieden und freundschaftlich zusammenleben.

23

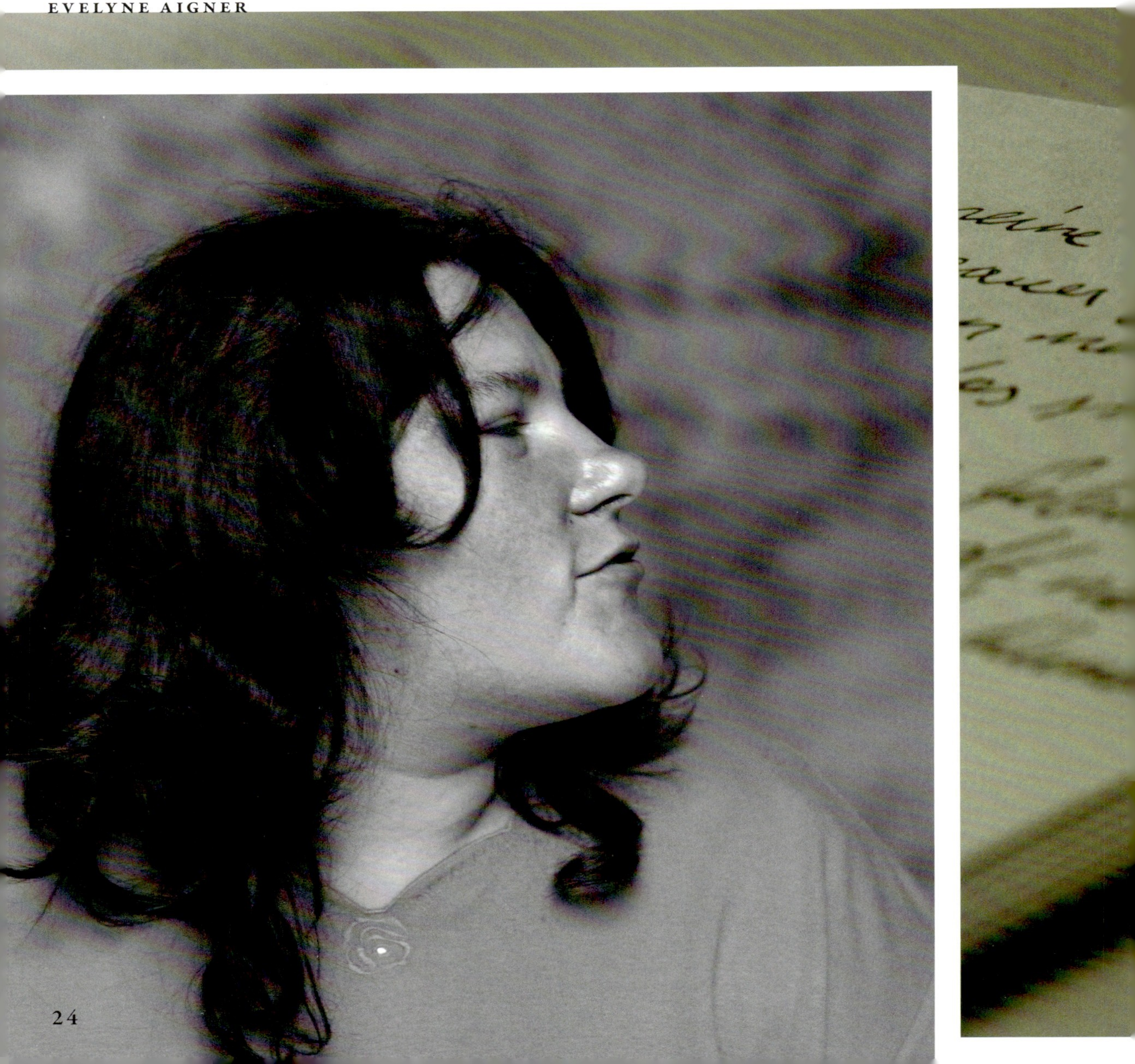

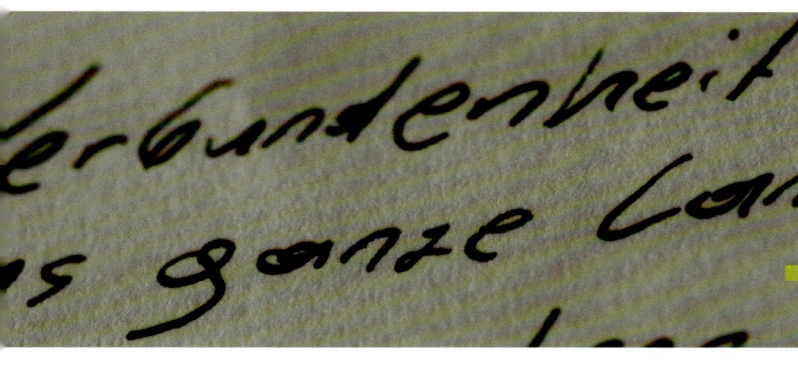

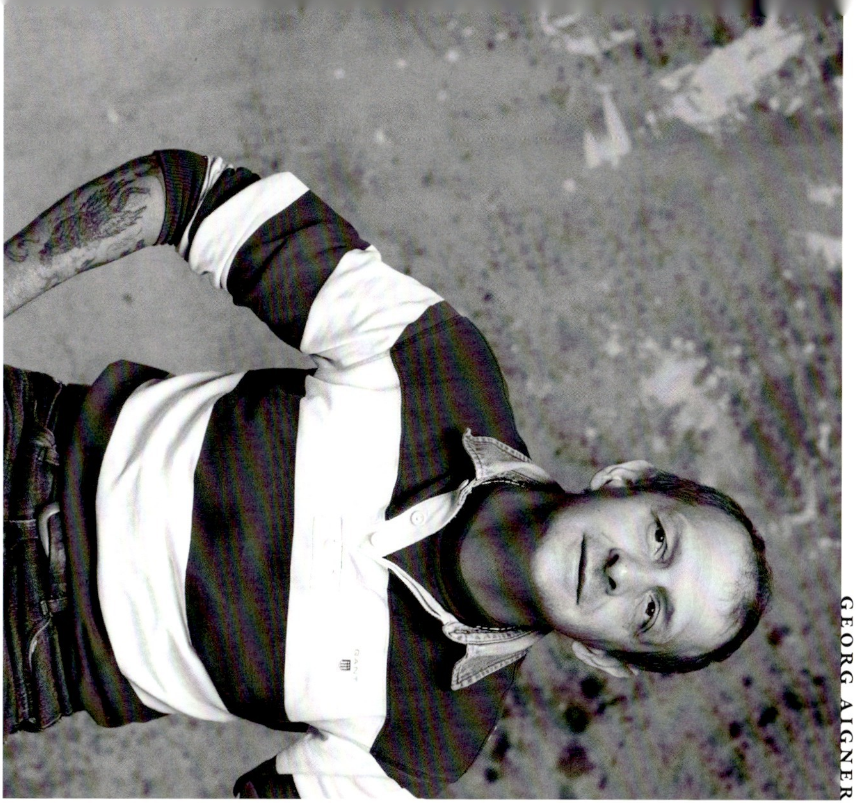

GEORG AIGNER

EUROPARK

Heimat hat einen sehr wichtigen Stellenwert für den Europark. Tradition und Brauchtum wird bei uns mit großem Respekt behandelt und auch in den Jahresfestkreis fix eingeplant. Heimat ist dort, wo man sich geborgen und wohlfühlt.

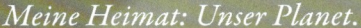

Meine Heimat: Unser Planet.

Mein Heimatsymbol ist der Globus.

GERHARD ENTFELLNER

Heimatleben

Der Ritzerbogen ist jener Ort,
an welchem, im frühen Morgensonnenlicht,
der Verkäufer sich seiner Arbeit müht.

Hier kann er gute Herzen finden, die helfen wollen,
sonnenhaft das Menschenleid zu lindern.

Wie Herzensgüte helfen kann,
ist oft nicht einfach zu erkunden.
Was weiß man denn, was einer macht,
nachdem die Arbeit ist vollbracht?

Und kommen manchmal wenig Menschen,
so ist dies auch nicht schlimm.
Der Verkäufer konzentriert sich auf Gedanken,
die sehr fruchtbar für ihn sind.

Oft denkt er über Steine nach.
Sie müssen hier viel länger sein.
Er weiß, dass nicht nur sie die Kraft uns geben,
um unser Denken in neuem Licht zu sehen.

Verrückt kann es für manchen klingen,
der aber, der sich im Naturbuchlesen übt,
liest den Verlauf der geistigen Welt
in diesen Dingen.

So manches Wasser nimmt die Salzach auf.
Gar wild strömt es nach Regentagen,
doch dieser Stein, der hier begierdelos nun liegt,
erwartet ruhig seine Zukunft,
und hilft einer Rose
zum Überleben.

Er gibt der Wurzel Schutz vorm wilden Wasser,
er stützt sie an den Uferrand und hilft ihr zu gedeihen.

Das Sonnenlicht braucht sie zum Leben,
so wie wir Menschen braucht sie Wärme.
Wo Wärme ist, entsteht das Leben.

Es gibt in vielen Menschenseelen Wärmequellen.
Die Wärmestube ist auch so ein besonderer Ort.
Viele solche Seelen gibt es dort.
Er soll die Stütze sein für manch wilden Pflanzenwuchs,
oder einen zarten Rosenstrauch.

Die Verkäufer treibt es oft hierher.
Sie lieben es, dort Kaffee zu trinken,
denn in dieser unverfälschten Stimmung,
kann man in der rechten Weise
in den Menschen untertauchen lernen.

Hier sagen ihm Gedanken schöne Worte,
als ob es heißen könnte:

So schaue doch die sprießende Pflanze.
Verstehe das Wasser.
So schaue doch die welkenden Pflanzen.
Verstehe die Luft.
So schaue doch die Samen.
Verstehe das Feuer.
So schaue doch die Erde.
Schaust du doch Sonne und Mond.

Schaue die Elemente,
verstehst du die Religionen.
Verstehe die Religionen,
schaust du den Frieden.
Schaue den Frieden,
verstehst du das Leben.

So wirkt das Kleine auch im Großen.
Ein jeder Mensch kann Vorbild sein.
Der Verkäufer denkt sich weiter:

Im Schicksal trafst du deinen Freund,
der deutlich dir nun zeigen will,
wie du kannst jene Schätze finden,
die im Menschen tief verborgen sind.
Was man erlebt,
soll unserer Zukunft dienen.

Es wird die Hilfe anderer uns Vorbild sein für Heimatleben.

GÖSSL . Gerhard Gössl
Heimat ist, wo ich mich entschieden habe zu leben.

Bücher berühren mich und lassen
meine Nostalgie verschwinden.
Beim Lesen werde ich ganz ruhig.
Für mich ist das die Zeit, um nach-
zudenken, zu analysieren, neue Pers-
pektiven zu finden. Bücher begleiten
mich auf meinem Weg in ein neues
positives Leben.

OGNYAN (OGI) BORISOV GEORGIEV

Arbeit

Arbeit ist ein Prozess, der bis zum Ende des Lebens dauert. Es gibt Menschen, die glauben, dass die Bauern die fleißigsten unter den Menschen sind. Sie stehen früh auf, jammern nicht, versorgen das Vieh mit Heu und Wasser. Nach dieser „Frühgymnastik" nehmen sie eine Dusche und setzen sich an den Frühstückstisch. Dort werden die Aufgaben für den restlichen Tag verteilt: Wer geht einkaufen? Wer repariert den Zaun oder den Traktor? Wer füttert die Hühner? Wer kocht das Mittagessen?

Aber was passiert, wenn dieses System zerbricht? Was, wenn eines Tages Vater, Mutter, Großvater oder Großmutter ihrem Sohn, ihrer Tochter, ihren Enkelkindern sagen: „Wir haben hier keine Arbeit mehr für dich, zieh in die Stadt, finde einen Job und gründe eine eigene Familie. Zahle deine eigene Wohnung und koch dir dein eigenes Essen, lebe dein eigenes Leben. Ohne unsere Hilfe, ohne unsere Unterstützung, denn wir haben nicht mehr genug Platz und Geld für alle."

Am Anfang fühlt sich das alles nach großer Freiheit an: Man schläft lange in den Tag hinein, trinkt viel und macht sich keine Gedanken. Aber irgendwann kommt die Langeweile und die Depression, die Frau und die Kinder jammern, dass sie Hunger haben, und dann muss man sich Arbeit suchen. Egal was, Hauptsache Arbeit! Du bist bereit für jeden Job. Egal ob er schmutzig oder schwer ist. Du würdest alles machen. Wie ein aufgezogenes Uhrwerk läufst du von Haus zu Haus, klopfst an jede Tür und fragst, ob dir jemand Arbeit gibt.

Aber das ist gar nicht so leicht. Weil die Leute sich ihre Arbeit lieber selber machen. egal ob schmutzig oder schwer. Von anderen arbeitslosen Menschen hörst du, dass es in anderen Ländern Arbeit gibt. In Deutschland, in Österreich, in der Schweiz. Du denkst dir: „Da fahr ich hin!" Du überlegst kurz: Was ist mit meiner Familie, der Frau und den Kindern? Aber dann denkst du gleich: „Egal. Das Risiko muss ich eingehen." Aber – stopp – du hast ja gar kein Geld. Du willst dir was leihen, doch keiner will dir was geben. „Was, wenn du nicht zurückkommst?", fragen sie. „Dann sehen wir unser Geld nie wieder!" Da verkaufst du zuerst den Fernseher, dann den Wintermantel und schließlich auch noch die Winterschuhe und kaufst dir eine Fahrkarte. Einfache Fahrt. Keine Rückfahrkarte. Das Risiko musst du eingehen. Du stehst unter großem Druck und hast Angst, dass du es wieder nicht schaffst. Du hast Angst vor dem Getuschel der Nachbarn, die dich jetzt schon als Versager bezeichnen, du hast Angst vor den Vorwürfen deiner Frau, dass du deine Familie nicht ernähren kannst, und du weißt, du darfst nicht ohne Geld zurückkommen.

Dann kriegst du tatsächlich Arbeit. So wie früher auf dem Dorf. Du arbeitest mit Erde und Tieren. Du bist fast glücklich und es macht dir auch nichts aus, dass dein Zimmer kein Fenster hat und noch andere Menschen bei dir im Zimmer schlafen. Manchmal auch die Tiere. Du bleibst die ganze Saison. Vorher bekommst du kein Geld. Weil der Chef sagt: „Ich zahle nur brave Arbeiter, die bis Ende der Saison durchhalten und nicht schon davor ihren

Lohn versaufen und dann nicht mehr ordentlich arbeiten können." Am Anfang geht es dir gut, aber dazwischen geht es dir schlecht. Es regnet und es ist kalt und du möchtest endlich deinen Lohn haben, um nach Hause fahren zu können. Eines Abends kommt dann ein Auto mit Blaulicht: „Polizeikontrolle." Du bekommst Probleme, weil du Schwarzarbeiter bist und du wirst ausgewiesen. Ohne Lohn natürlich. Du bekommst den schwarzen Stempel, ein Einreiseverbot, aber immerhin eine kostenlose Rückfahrkarte.
Eine Chance hast du noch. Du willst nicht nach Hause – also fährst du in das nächste fremde Land. Möglichst eines, in dem dieselbe fremde Sprache gesprochen wird wie beim ersten Versuch. Denn die kannst du ja immerhin schon ein bisschen.

Das ist eine lange Geschichte, die damit endet, dass deine Familie zerbrochen ist und du als alter Mann einsam und allein sterben wirst.

Aber vielleicht meint es das Schicksal ja auch gut mir dir. Du bekommst deinen Traumjob, du bekommst jeden Monat deinen Lohn, kaufst dir ein Haus und wohnst dort glücklich mit deiner Frau und deinen Kindern. Deinen Kindern kannst du eine gute Ausbildung ermöglichen. Sie gehen in gute Schulen und studieren später an der Universität. Vielleicht bist du sogar Gouverneur geworden. Du rauchst keine „Sonne ohne Filter", sondern kubanische Zigarren, das Leben ist schön und du bist gesund.

Ohne Geld wird dir das nie gelingen.

Die Tränen der Mutter

Ich habe nie vergessen, was meine Mutter fürsorglich zu mir gesagt hat: „Wähle dir deine Freunde sorgfältig aus", und: „Bleib sauber!" Mein Vater hat die Familie verlassen, als ich noch in der Volksschule war. Zuerst war ich nur wütend, weil er gegangen ist, aber dann auch froh, weil ich dadurch viel freier war. Meine Klassenlehrerin sagte zu mir: „Es wird die Zeit kommen, in der du merken wirst, was du verloren hast."
Meine Mutter weint und verflucht meinen Vater. Aber ich weiß, dass sie ihn noch liebt und hofft, dass er wieder zu uns zurückkommt. Ich bin böse auf die ganze Welt. „Das ist nicht fair", denke ich mir. Die Nachbarn lachen uns aus in unserem Schmerz.

Dann beginne ich ins Boxtraining zu gehen. Ich möchte uns rächen gegen jeden Menschen, der uns ausgelacht hat. Ich möchte meine ganzen negativen Gefühle rausschlagen. Ich bin so zornig. Jetzt weint meine Mutter, wenn ich mit blau geschlagenen Augen und einem geschwollenen Gesicht vom Training nach Hause komme. Ich möchte, dass die schlechten Gefühle aus unserer Familie langsam schmelzen wie Schnee im Frühling.

Die Tränen meiner Mutter machen mein Herz nass.

Die Traurigkeit bleibt ein Leben lang.

Ich liebe dich, Mama.

HEIMAT ÖSTERREICH . Geschäftsführer Stephan Gröger
Nach dem Zweiten Weltkrieg eine neue Heimat für Österreicher, aus der Heimat Vertriebene und für Flüchtlinge zu schaffen – zu diesem Zweck wurde die „Heimat Österreich" von der Caritas gegründet. Zehntausende Menschen, die unverschuldet ihre Heimat verloren hatten, konnten so in Österreich wieder eine neue Heimat finden. Mittlerweile sind fast 60 Jahre im Dienste der Menschen und für die Schaffung von dringend benötigtem Wohnraum vergangen. Die Zeiten ändern sich, aber heute wie damals gilt: Heimat Österreich – dem Menschen verpflichtet.

OGNYAN BORISOV GEORGIEV

Flügel

Als ich ein Kind war, hatte ich ein geflügeltes Pferd, mit dem ich über die ganze Stadt geflogen bin und gemeinsam im See gebadet habe. Als ich älter wurde, wurde auch mein Pferd älter und tat sich nicht mehr so leicht mit dem Galoppieren. Und auch mit dem Fliegen tat es sich immer schwerer. Irgendwann begannen die Flügel zu welken und schließlich waren sie ganz weg. Als ich schließlich ein Mann wurde, kümmerte ich mich mehr um andere Sachen und ließ mein Pferd in der Box. Immer seltener ging ich zu ihm und sprach mit ihm. Irgendwann hörte es auf zu fressen, sein Blick wurde leer, es wurde immer dünner und schließlich verschwand es von dieser Welt.

Als mein Pferd verschwunden war, fragte ich mich, wo denn die Flügel aus meiner Kindheit geblieben sind ...

Heute spüre ich diese Flügel wieder. Ich steige mit ihrer Hilfe auf den Berg und mit Hammer und Meißel schaffe ich dort eine Skulptur. Die bleibt lange nach mir. Allen Menschen, die diese Skulptur anschauen, wachsen auch Flügel. Vielleicht ist das möglich.

HEIMATWERK/SALZBURGER ADVENTSINGEN . Geschäftsführer Hans Köhl

Heimat ist für alle da.

*Heimat, unter einem Symbol stelle
ich mir vor – meditatives Verhalten
– nach innen kehren – auf einen ru-
higen Platz sehen – Augen zumachen
– und – 10 Minuten still sitzen – das
ist für mich wie Heimat – da fühle
ich mich wie neu aufgeladen.*

KURT IGNAZ

42

43

Blumen, Berge und die Stille des Meeres

Heimkind – groß geworden in einer Klosterschule in Bruck an der Glocknerstraße. Wie prächtig kann die Welt sein! Der Großglockner vor der Tür, und zu seinen Füßen die Wiesen, die Wälder. Wir Heimkinder sind oft durch die Natur gewandert und immer war es schön.

Am schönsten aber waren die Sommerferien in Heiligenblut, bei der Tante Hemma. Die Tante Hemma war eine liebenswerte Erzieherin und Betreuerin. Ich hab sie sehr gemocht. Zwei Monate lang auf der Alm! Ich durfte die Schafe hüten, auf die Kühe aufpassen oder einfach in der Wiese liegen und in die Wolken am Himmel schauen. Auf der Alm droben und drunten in Heiligenblut war ich so richtig frei und konnte tun, was ich wollte; damals hab ich einfach gelebt und war glücklich.

Dann haben mich die Eltern wieder zurück nach Salzburg geholt. Taxham ist mir nie eine echte Heimat geworden; Salzburg und Taxham im Besonderen haben mich in vielerlei Hinsicht traumatisiert. Vielleicht bin ich nicht für die Stadt und ihre Kälte geboren; ich wäre damals lieber im Heim geblieben. In der Nähe des Großglockners. Auch wenn das nicht jeder verstehen wird.

Die Liebe zur Natur ist mir geblieben und ich bin immer gern durch die Wälder, auf die Berge, zu den Bächen gewandert. Ich liebe die Bäume und die Blumen.
Und so hat sich der ideale Beruf für mich gefunden: Gärtner. Gelernt hab ich in der Gärtnerei Winkler im Aiglhof, und zwar die Floristik, die Blumenbinderei also, und die Zierpflanzengärtnerei. Nach dreieinhalb Jahren konnte ich mit gutem Erfolg meine Ausbildung abschließen. Pflanzen züchten gehörte zu meinen Gärtneraufgaben … Usambara-Veilchen oder weiße Chrysanthemen. Meine Lieblingsblumen – das sind die weißen Lilien.

Dann ging ich weg von Salzburg, in den Süden, nach Frankreich. Nizza ist für zweieinhalb Jahre meine neue Heimat geworden. Auch dort hab ich als Gärtner gearbeitet und war rundum zufrieden. Die Côte d'Azur bei Nacht ist einfach ein Gedicht, unbeschreiblich schön. An einem Sonntag in aller Herrgottsfrüh allein am Strand zu schlendern, während alle anderen noch schlafen – das bleibt mir unvergesslich.

Nizza, das war für mich:
Ruhiges Leben – der Gesang der Möwen – das Rauschen der
Wellen – die Stille des Meeres – stressfreier, entspann-
ter Alltag – und ein wenig Glück – etwas Liebe und Geborgenheit – eine liebe Frau an meiner Seite – Heimat.

Vielleicht hätte ich dort bleiben sollen, aber es hat
mich wieder in meine Geburtsstadt verschlagen, nach Salzburg. Und wieder nach Taxham. Eine Zeit lang hab ich
günstig in Untermiete gewohnt und durfte den Garten der
Vermieterin betreuen. Das war fast wie ein eigener Garten. Ich mag Gärten: Blumen, Pflanzen, Sträucher, Gewäch-
se.

Es gibt ein sehr schönes Sprichwort, ich glaube, es kommt
aus Asien. „Wenn du einen Tag lang glücklich sein willst,
dann betrinke dich. Wenn du ein Jahr lang glücklich sein
willst, dann bau dir ein Haus. Wenn du aber für immer
glücklich sein willst, dann lege dir einen Garten zu.“
Wie gern hätte ich einen eigenen Garten. Magnolien sind
meine Lieblingsbäume.

Manchmal hab ich das Gefühl, ich bin in meinem jetzigen
Leben viel zu weit weg von der Natur.
Ich habe Sehnsucht nach der Ruhe und der Geborgenheit in
schöner Landschaft, nach Bächen, Wasserfällen, Wäldern,
Blumenwiesen und nach der berauschenden Bergwelt, wo mein
Herz höherschlägt, wie damals in der Kinder- und Jugend-
zeit, und ich aus dem Staunen über diese Schönheit nicht
herauskomme. Zwei, drei Monate in den Bergen sein und je-
den Tag von einer Alm zur anderen wandern, das wäre mein
Traum.

In der freien Natur entsteht in mir immer wieder eine
tiefe Ehrfurcht, ein ganz besonderes Gefühl. Da verges-
se ich den Alltag, die Verzweiflung, die Probleme. In der
Natur finde ich meine Heimat und mein Glück.

NATURE
COMPANY

NATURE
COMPANY

WWF

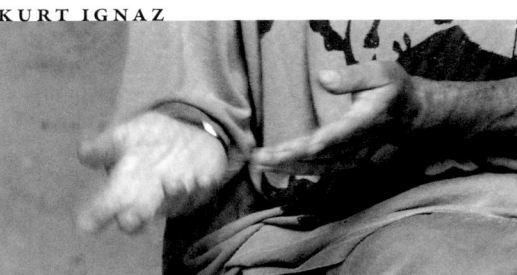

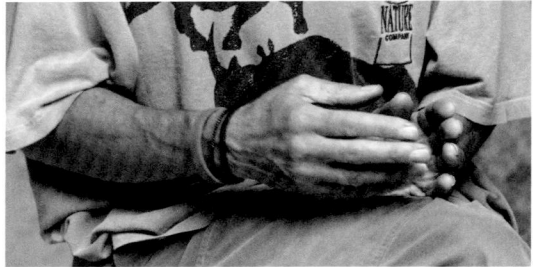

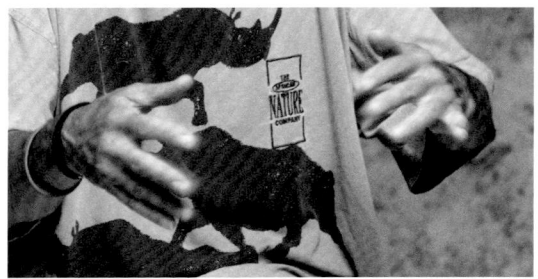

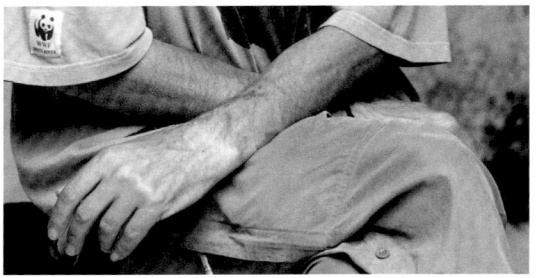

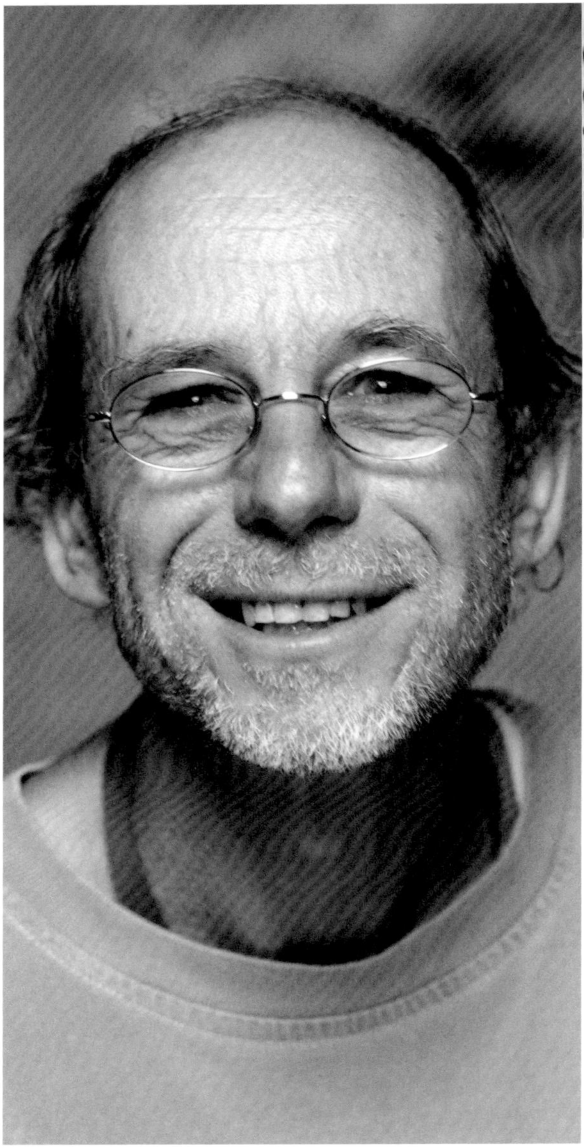

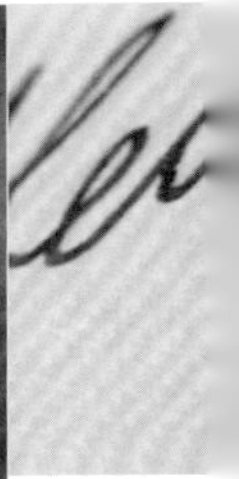

ikp . Geschäftsführer Salzburg Andreas Windischbauer

„Heimat ist für mich frei nach Christian Morgenstern nicht der Ort, an dem man daheim ist, sondern dort, wo man verstanden wird."

49

Heimat ist für mich ein breitflächiges Thema, das man in mehreren Situationen präsentieren kann.

Heimat ist für mich, wo ich aufgewachsen bin.

ERWIN KELLNER

Mein Leierkasten

In meinem Zimmer steht ein Bett, ein Tisch, ein Schrank, ein Schreibtisch-
sessel und ein normaler Sessel, ein Kühlschrank und ein Fernseher. An der
Wand hängt das Bild eines Gitarre spielenden Mädchens; ich hab eine Werk-
zeuglade mit verschiedenen Werkzeugen, da ich sehr gerne bastle, verschiedene Rezepte – vor allem für Nachspeisen – und einen LEIERKASTEN, selbst
gemacht! Jedenfalls bald schon. Wer, frag ich euch, besitzt schon einen
Leierkasten?! Ich!

Und das kam so: Bei einem meiner vielen Spaziergänge kam ich zufällig bei
Mirjams Pub vorbei und sah in der Auslage einen Leierkasten – oder eine
Drehorgel – stehen. Ich wusste zu diesem Zeitpunkt noch nicht, um was es
sich tatsächlich handelte. Ich ging ins Lokal und fragte, was denn dieses
schöne Stück nun sei. Da erklärte mir der Besitzer, dass es sich um einen
Leierkasten handle. Sofort entstand in mir die Idee, mir selbst auch so einen
Leierkasten zu bauen. Ich machte verschiedene Skizzen, nahm die Maße von
dem Schaustück in Mirjams Pub und ging damit zum Werkstättenleiter in der
Ergotherapie, zum Herrn Pannagl. Ich erzählte ihm von meinem Vorhaben:
einen Leierkasten zu bauen. Davon war er anfangs allerdings nicht sehr begeistert.

Nach mehreren Wochen des Grübelns und anderweitiger Beschäftigungen
beschloss ich, ohne Einverständnis des Herrn Pannagl, mit dem Bau des
Leierkastens in der Ergotherapie zu beginnen. Er ließ mich gewähren, wobei

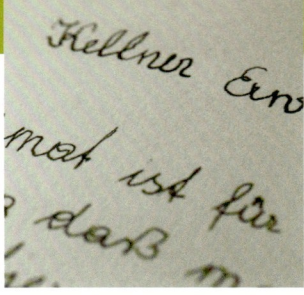

er mich freilich verstohlen beobachtete. Er dachte zwar, ich würde das nicht bemerken. Aber ich kannte ihn so gut, dass ich genau wusste, dass er mich insgeheim beobachten würde. Ich sagte nichts und arbeitete still und heimlich weiter.

So entstand nach kurzer Dauer das Grundgerüst. Die zwei Motive des Leierkastens von Mirjams Pub fotografierte ich ab, gab sie in der „Apropos"-Redaktion der Chefredakteurin, ersuchte sie, diese beiden Bilder nach meinen Maßen auszudrucken und mir das Laminiergerät zur Verfügung zu stellen, damit ich die beiden Bilder gleich zwischen zwei Plastikfolien einschweißen konnte. Nach getaner Arbeit war ich sehr stolz auf meine grandiose Idee – nämlich sie auf meinen künftigen Leierkasten zu kleben. Dann fuhr ich in die Ergotherapie und zeigte Herrn Pannagl die beiden Bilder. Er war sehr erstaunt und fragte mich, wie ich denn das zustande gebracht hätte?!

Herr Pannagl sah, dass aus meinem Plan doch etwas werden könnte, und interessierte sich nun mehr für mein Tun. Er unterstützte mich sogar. Inzwischen ist das Projekt schon so weit gediehen, dass ich mich, nach zwei Monaten Arbeit, am Rupertikirtag mit einem Leierkastenspieler oder Drehorgelspieler in Verbindung setzen kann, um mich darüber zu unterhalten, wie es möglich ist, meinem Werk Leben einzuhauchen. Wie man am besten eine Walze bekommt? Wie viel diese kostet? Wie man alte Lieder mit ihr spielen kann?

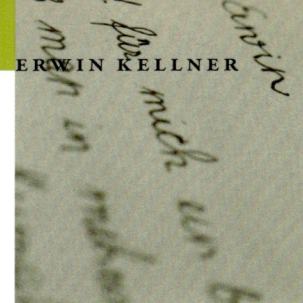

ERWIN KELLNER

Wenn es mir gelingt, das zu bewerkstelligen, dann werde ich mit den er-
forderlichen Genehmigungen der Stadt Salzburg versuchen, in der Altstadt
damit Musik zu machen. Vorher fahre ich in den Hellbrunner Zoo hinaus
und borge mir die beiden Katta-Affen aus, die immer ausreißen; einmal hat
man sie sogar in einer Hotel-Bar aufgefunden! Damit die beiden Affen nicht
immer abpaschen müssen, nehme ich sie abwechselnd zum Leierkasten-
Spielen mit.

Wenn du einmal alte Filme gesehen hast, in denen Leierkasten vorkommen,
weißt du, dass es da immer etwas schwermütig zugeht. Da gibt es zum Beispiel ein Lied, das heißt: „Schön is so a Ringelspiel". Diese alten Lieder ver-
setzen mich in die Vergangenheit zurück, verbinden mich direkt mit ihr. Man
denkt darüber nach, was früher gewesen ist …

Was mein größter Wunsch ist? Mit dem Leierkasten so viel Geld zu verdie-
nen, dass ich mir damit ein Haus kaufen und renovieren kann. Und der Leierkasten ist dann der stolze Mittelpunkt in meinem eigenen Heim!

Landeshauptmann-Stellvertreter . Wilfried Haslauer

Heimat ist nicht nur dort, wo man wohnt, sondern wo man liebt und geliebt wird, wo man die eigenen Wurzeln hat, wo man sich in Nähe und Geborgenheit wiederfindet.

Heimat ist dort, wo man zuhause ist.
Heimat ist dort, wo man sich wohlfühlt.

KURT MAYER

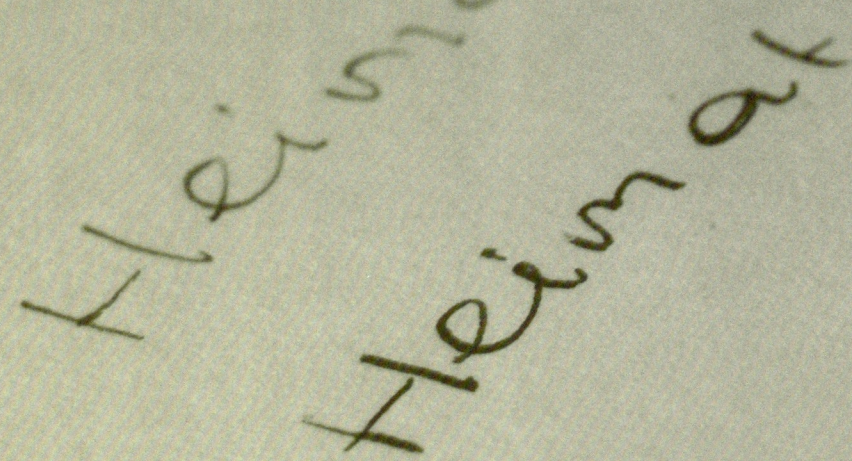

Der Indianer aus Vorarlberg

Die Heimat beginnt mit unserer Geburt. Die Wurzeln entstehen im Mutterleib. Im Bouch von d'r Mamile.

Was ist Heimat? Ein Ort, an dem man sich geborgen fühlt, zum Wohle des Menschen. Als Kind wollte ich immer ein Indianer sein, mit einem Pferd und einer Friedenspfeife. Durch die wunderschönen Schluchten reiten, die Prärie genießen. Am Abend ein Lagerplatz mit selbst gemachtem Feuer. Mit meinem Stamm immer neue Lagerplätze aufschlagen und Frieden verbreiten. Hoamat isch döt, wo mi Härz isch.

Vorarlberg ist mein Geburtsland. Wir haben dort einen eigenen Dialekt, den ich manchmal sehr vermisse. Ab und zu habe ich das Glück, in Salzburg meinen Dialekt zu hören, auf der Straße oder im Café, von Menschen, die ich gar nicht kenne. Das freut mich immer sehr. Do springt mi Härz in d'Höh. Do krieg i mi körig Härzklopfa!

Die Sehnsucht nach der Sprache! Und auch die geliebten Käsknöpfle mit Grundbirasalat (Kartoffelsalat) oder einen Riebel mit Kaffee oder Öpflmuas vermisse ich manchmal. Riebel: das ist gekochter Griesbrei, der in der Pfanne mit Burabutta (Bauernbutter) herausgebraten wird.

Das Heimatgefühl bleibt im Kopf und im Bewusstsein.
Bei da Hoamat muscht koa Angst ha und di o net fürchta!

Eine neue Heimat zu suchen oder zu finden, ist gar nicht so einfach. Ich war in meinem Leben viel unterwegs auf der Suche nach neuer Heimat. Bereiste ganz Deutschland von München bis Berlin und Hamburg. Lernte viele Leute kennen, einige Länder – Italien und die Schweiz, sogar Frankreich und Spanien waren dabei. Aber in diesen Ländern, an diesen Orten hatte ich nie das Gefühl, mich sesshaft machen zu können. Ich fühlte mich heimatlos.

In einem Gospelsong heißt es: „Sometimes I feel like a motherless child". Wie ein Kind ohne Mutter ... a Popile ohne Mamile, a Boub ohne Mamile, a Luusbua ohne Mamile, a Lottri ohne Mamile. Ein Mensch ohne Heimat. In meinem Geburtsland singen die Kinder: „Wenn üser Ländle a Käsknöpfle wär".

Was wird in zehn oder zwanzig Jahren sein? Das Heimatgefühl wird bleiben. Das Heimatgefühl wird für meine neue Heimat ein Zuhause sein. Ich finde, es ist sehr wichtig, dass man das alte Heimatgefühl im Kopf und im Herzen trägt. Und eine neue Heimat findet.

Die „neue Heimat"? Sich wohlfühlen und angenommen werden von Menschen, die schon seit ihrer Geburt hier leben, in Salzburg zum Beispiel. Mein Nomadenleben hat ein Ende gefunden. Ich habe meinen Lagerplatz gefunden, hab meine Friedenspfeife bei mir. Mein Zuhause in Salzburg: ein Ort, wo ich mich wohlfühle, eine Liebe, eine Familie um mich. Das ist für mich jetzt Heimat. Endlich hani mi Hoamat gfundn und gang o nie wieda furt.

nic.at . Geschäftsführer Richard Wein
Wir geben Menschen Heimat im Internet: die .at-Domain

España y no
otro pais porque
es mi alma.

Das ist meine
Seelenheimat und
keine andere.

NARCISTA MORELLI

The wrestling flamenco

Der Sand ist heiß, die Sonne brennt, nur wenige Leute tummeln sich am Strand. Ein Muchacho verkauft Kokosnüsse. Ein hübscher Italiano kommt auf mich zu. „Molto bene." „Bravissimo."

Das schnuckelige Kerlchen lacht mich an und deutet auf sein Handtuch. Ist hier noch Platz frei für ein zweites Handtuch? Ja klar! Das schnuckelige Kerlchen lasse ich mir nicht entgehen.

Abends ernte ich den Salat und das Gemüse aus dem Garten. Die Tomaten gedeihen herrlich bei dieser Sonne. Die Kirchenglocken läuten, alte Männer und Frauen bewegen sich zum Kircheneingang, einige stehen bereits dicht gedrängt vor deren Pforten. Es muss irgendwas mit „fiesta" heute los sein. Bunt gekleidete Leute tanzen und spielen Musik auf den Straßen. Dazwischen hört man gelegentlich das Schimpfen der Frauen. Anfangs klingt es grauenvoll, doch man gewöhnt sich an ihre Stimmen. Man vermisst sie sogar, wenn sie stumm bleiben. Es gibt wenig Technologie im Dorf. Alte Mopeds und wenige Autos. Der Duft der Akazien schwelt in der Luft.

Romantisch die Bay, die wenig beleuchtet ist. Ich hole mir noch Inspirationen vom Meer, es rauscht so schön gleichmäßig. Dann gehe ich in mein Atelier, das vollgeräumt ist mit künstlerischen Utensilien. Da steht eine Staffelei, eine elektrische Schreibmaschine, die noch so richtig Lärm macht.

Ein paar Filmkameras, ein Schneidepult, technische Anleitungen für diverse Geräte. Es läutet das Telefon. Irgendein Auftraggeber ist am Telefon. Ob die Arbeit schon fertig ist? Nein, noch nicht, tranquillo, kein Stress, zwei Tage, dann hast du's.

In die Welt, in die grauliche Welt draußen, all die horrenden Großstädte mit ihrem Smog, der stinkenden Luft, den von der Medizin krank gemachten Menschen und totgestellten Figuren, die alle hochtechnologisch verblödet sind, dorthin liefere ich meine Werke. Seien es philosophische Literatur, Bilder vom Meer, Experimentelles, ich arbeite mit neuen Materialien von Stoff bis Stein, Kameras, die Motive entdecken mich, abseits der abgetrampelten Touristenpfade. Mein schnuckeliger Italiano kommt zur Tür herein. „Che bello." Er bewundert eine meiner Naturlandschaften. „Il vino rosso." „Molto amore, che bello." Der schnuckelige Italiano trinkt Wein. Eine Spanierin schimpft wie üblich um die Zeit. „¿Che pasa?" Das ist hier normal.

Und weiter drüben erklingen die ersten herben Töne des Flamencos. Ich springe auf, wickle mir ein Tuch um die Hüften, ziehe meine Tanzschuhe an. Ich kann ihn auch! Der Italiano klatscht: „Bravissimo!" Nach so viel Verausgabung klappe ich zusammen. Zu viel des guten alten Flamencos. Doch die Dorfbewohner haben erst angefangen. Das mit ihren Zigeunern geht die ganze Nacht so durch – am Morgen bin ich geschafft. „Ciao bello."

Und ich werke an meinen Arbeiten, bin selbst begeistert, gelungen! Es klingelt das Telefon. Irgendwer aus meiner Verwandtschaft hat wieder einmal Lust auf Sonne. Aha, ihr wollt nach Spanien, wie lange, wann? Ja, dann werft euch ins Flugzeug und schwingt eure Ärsche herbei. Ob der auch noch mitkommen kann? Wer? Kenne ich nicht. Wenn er mir nicht den Kühlschrank leer frisst und gewillt ist auf der Matratze am Boden zu schlafen und seine Nase nicht in mein Atelier steckt, ja, sonst jage ich ihn mit der Schrotflinte hochkantig raus. Werd ich ihm ausrichten.

Die Verwandtschaft ist angerauscht, zwischendurch verziehe ich mich mit dem Italiano kurzweilig in den Garten. „Wie schön du's hier hast."

Das hier ist das Paradiso und da gibt's keine Computervertrottelten, keinen Straßenlärm, nur keifende Mujeres/Frauen, da gibt's keine genverseuchten Tomaten und keinen Großstadtsmog, keine korrupten Beamten, keine geldgierigen Vertreter und Automechaniker, keine sich plagenden Alleinerzieherinnen, keine Internet-Porno-Glotzer ohne direkten Verkehr, keine Gewalttäter, keine Süchtigen und Depressiven, keine Scheidungsanwälte, Terroristen und Sonstiges.

Hier gibt's den Flamenco, Fischer und kleine Boote. Auch ich habe ein kleines Boot. Mit der Verwandtschaft und dem Italiano geht's raus aufs Meer. Setzt Mützen auf! Ich verteile Sonnenöl in Masse. Die weißhäutigen Nordländer stöhnen bereits. Es hat fast 40 Grad. Der Italiano ist's gewöhnt. Er stammt aus Sizilien. „Che bello." „Fantastico." Die rotgefärbten Nordländer quatschen alles nach. „War das jetzt spanisch oder italienisch?" „Beides." „Aha." „¿Che pasa, miyer?" Heute brüllt die Spanierin besonders laut Olé! Den ersten Stierkampf in der Arena muss ich frühzeitig verlassen. Während die Spañoles enthusiastisch am Ende des Kampfes dem Matador zutriumphieren, halte ich den Tod des Tieres für nicht sonderlich sinnvoll. Außer zum Essen eignet sich der tote Stier für nichts. Könnte man nicht das Spektakel vielleicht etwas umwandeln, indem man dem Stier einen Kübel roter Farbe raufschüttet und ihn so als Verlierer hinstellt? Der Stier sähe dann sowieso wie der letzte Trottel aus. Als Verstärkung könnte man ihn ja noch mit Konfetti bestreuen oder mit Staubzucker, dann strömen die Fliegen auf seinen Leib und der arme Hund kann sich nicht kratzen. Wenn das Spektakel beendet ist und die Spañoles genügend gejubelt haben, spritzt man den Stier mit dem Gartenschlauch ab, stellt ihn in den Stall zurück und warten auf den nächsten Kampf. Der Stier kennt ja dann das Spektakel und weiß, dass das Ganze nur Show ist. „The wrestling torro."

Die Boxer hauen sich wirklich eine in die Fresse, die Wrestler tun nur so, als ob sie kämpfen würden, und die Amis jubeln auch. Oder der „surrealistische Stierkampf". Der Zuschauer kann sich unter seiner Imagination dann selbst vorstellen, dass die rote Farbe Blut wäre. Ich muss das mal dem Stiergremium vorbringen.

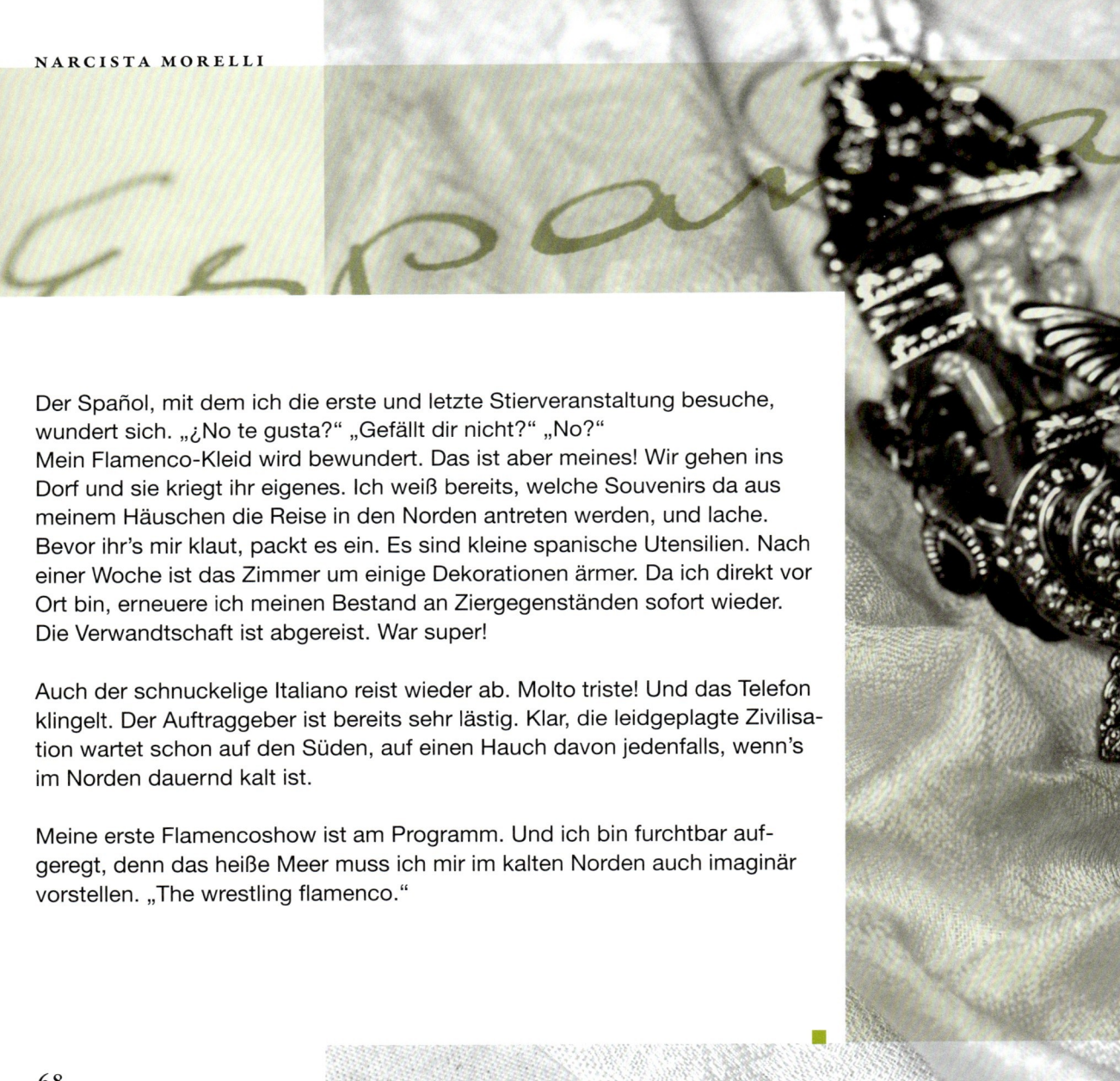

Der Spañol, mit dem ich die erste und letzte Stierveranstaltung besuche, wundert sich. „¿No te gusta?" „Gefällt dir nicht?" „No?"
Mein Flamenco-Kleid wird bewundert. Das ist aber meines! Wir gehen ins Dorf und sie kriegt ihr eigenes. Ich weiß bereits, welche Souvenirs da aus meinem Häuschen die Reise in den Norden antreten werden, und lache. Bevor ihr's mir klaut, packt es ein. Es sind kleine spanische Utensilien. Nach einer Woche ist das Zimmer um einige Dekorationen ärmer. Da ich direkt vor Ort bin, erneuere ich meinen Bestand an Ziergegenständen sofort wieder. Die Verwandtschaft ist abgereist. War super!

Auch der schnuckelige Italiano reist wieder ab. Molto triste! Und das Telefon klingelt. Der Auftraggeber ist bereits sehr lästig. Klar, die leidgeplagte Zivilisation wartet schon auf den Süden, auf einen Hauch davon jedenfalls, wenn's im Norden dauernd kalt ist.

Meine erste Flamencoshow ist am Programm. Und ich bin furchtbar aufgeregt, denn das heiße Meer muss ich mir im kalten Norden auch imaginär vorstellen. „The wrestling flamenco."

ORF SALZBURG . Chefredakteur Gerhard Rettenegger

Heimat für den ORF Salzburg ist ... über Ereignisse und Menschen zu berichten in Radio, Fernsehen und Internet. Ob es aktuelle Neuigkeiten in „Salzburg Heute" oder den Radiojournalen sind; ob die Moderatoren von „Guten Morgen Salzburg" mit den Salzburgerinnen und Salzburgern den neuen Tag beginnen; ob die Volkskultur den ganzen Sommer über jeden Sonntag die Schönheiten der Salzburger Almen akustisch erlebbar macht. Diese Liste ließe sich beliebig verlängern.

Heimat ist der Ort und
die „Stunde" der Kindheit.
Heimat ist dort, wo man
sich verstanden fühlt.

J. ROSARIO

J. Rosario

...at ist der Ort und die
...nde, der Kindheit. Heimo...
...t wo man sich versto...

72

Heimat bist du ...

Wo ist man daheim? Wo man geboren wurde oder wo man zu
sterben wünscht? Ersteres bestätigt meine Vorahnung. Der
Verlust einer Heimat durch die Übersiedlung meiner Familie von Graz nach Salzburg – ich war damals ungefähr
10 Jahre alt – erweckt in mir heimatliche Gefühle. Heute glaube ich, mit einer Stecknadel auf dem Globus den
winzigen Punkt geographisch bestimmen zu können, der mir
Heimat war: Graz, Wetzelsdorf, Grottenhofstraße.

Ich war seit jeher Bewohner der Stadt. Bin ein Stadt-
mensch und es stört mich so lange nicht, bis ich ein
schöneres Idyll – am Lande vielleicht – zu finden beab-
sichtige. Vorerst bin ich gerne da und dort. In Salzburg
angekommen, war es mein Los, keine feste Bleibe zu haben; nur die Stadt, dachte ich, kann ich nicht wechseln.
Nur die Stadt prägt mich, wie Fußspuren im noch feuch-
ten Asphalt. Ich siedelte einige Male von Nord nach Süd,
von West nach Ost. Die Wohnungen waren nicht das, was sie
versprachen. Niemals redete ich davon. Man akzeptiert in
dieser Stadt keine Widerrede. Wenn man von ihr fortgehen
und es anderen gleichtun will, dann muss man darauf ge-
fasst sein, dass der Zorn auf einem liegt, bis man die
Szene verlassen und das Band zerschnitten hat, das viel-

fältig gelegt ist zwischen einem selbst und den Menschen,
den Institutionen, den Schauobjekten …

Woher das kommt – das weiß ich nicht. Mozart und Trakl
hatten schon zu ihrer Zeit damit zu kämpfen. Vielleicht
ist es so: Wer ein Salzburger sein will, muss zum Patron der Stadt werden, muss sie in Schutz nehmen, vor dem
Ansturm der … Woanders kennt jeder jeden, die Provinz;
hier kennt niemand niemanden … Wer für die Stadt spricht,
muss ihr Schutzpatron werden und sich der Obrigkeit fü-
gen. Wenn mich heute jemand fragt, und das geschieht immer wieder, ob ich gerne hier lebe, dann fällt mir eine
Antwort schwer, weil das Leiden mit und an dieser Stadt
ins Gewicht der Erwägung fällt. Also doch ein Patron? Ich
sage dann: Könnte mir auch anderswo eine Existenz vorstellen, an einem Ort, wo man verstanden wird …
Verstehen, das ist auch so ein Wort … Verstehen, Durch-
dringen … Aber Salzburg ist nicht Wien, dieses große Ganze, wiewohl schön und durchaus begehrenswert. Wer nach
Wien fährt, etwa mit dem Zug, der stößt in die Mitte.
Westbahnhof. Wenn der Westbahnhof erreicht ist, nach all
den vielen Vororten, dann wird sukzessive das Gemüt lebendig. Man ist in einen lebendigen Körper eingedrungen.
Man spürt, am Westbahnhof stehend, das Pulsieren der
Stadt. Nicht so in Salzburg. Niemand kommt so schnell
auf die Idee, hier einzudringen.

Man bewegt sich und tastet sich heran. Denn im Kern ist Salzburg ein Schleusenmonument, das die Enge durch Geschäftigkeit und ein „Kopf hoch!" kompensiert.
Dennoch: Man muss Salzburg, einfach gesagt, zu verstehen sich bemühen, damit man verstanden wird. So ist es und nicht anders. Wer nicht verstanden hat, wird nur einem Kopfschütteln oder geheimnisvollem Schmunzeln begegnen. Tatsache ist aber auch: Ein Verstehen meiner selbst als geistigen Menschen ist hier nur dort möglich, wo Bewohner sich bereits im inneren Exil befinden. Randgruppen. Intellektuelle. Therapeuten. Vielleicht, so könnte man munkeln, ist dies nötig, um überhaupt überleben zu können, um nicht einverleibt zu werden von dem geschäftigen Treiben der Unternehmen, dem Kulturmagnetismus ohne Gnade, wo Salzburg, wie es Bernhard einmal formulierte, nur so gesehen wird, wie die Welt es sieht, als ein tanzendes kokettes Mädchen ...

So ist mir der Gedanke an meine Heimat kein unschwerer, ja, im Gegenteil, ein leichter, ein wenig wehmütiger, immer aber ein erfrischender. Es ist wie mit einem Reisen, so wie jemand seine Sachen packt und zu einem guten Freund fährt, einem, der dich kennt und den du kennst; einem, den du vielleicht ganz überraschend besuchst; kurzum: Du schleichst dich aus deinem Haus und dort, wo du ankommst, erwartet dich dein Freund, begrüßt dich an der Tür, dieser alten Tür seines Hauses, mit einem Lächeln auf den Lippen und einem unvergesslichen - weil halb müdem und halb freudigem - Blick und führt dich in seine Stube, wo im Herrgottswinkel das Kreuz hängt.

Und Heimat heißt dann: Mit den Menschen sein. Feste feiern. Wo dann die Gäste kommen … Es kommen die Musiker … Es kommt die Catering-Firma … Es kommt der Nachbar von drüben, der immer dabei ist, wenn etwas los ist … Es kommen die Freunde, es kommen die Partylöwen, denen nichts entgeht, es kommen die Paare … Es kommen die Singles, die Schüchternen oder Heimatlosen … Und wir feiern ein Fest. Ein Fest feiern heißt: sich bereit machen für das Unerwartete, das Neue, vielleicht für das, was du dir schon immer gewünscht hast: Wird es diesmal eintreffen? Das Fest mit den Begegnungen, Blicken, Gerüchen, dem Lachen und Plaudern, Essen und Trinken, Musik und Tanz - all das wird dich bezaubern. Und vielleicht vergisst du dich und lässt dich beschenken.

Und damals, dort in Graz? Es war keine Stätte der Wunschlosigkeit, im Gegenteil, als Kind ist die Sehnsucht am größten; doch es barg einen Kern des Glücks. Zwar ist nicht sicher, ob ich je wieder heimkehre in diese Stadt, geschweige denn dort eine letzte Ruhestätte finde. Wo man die letzte Ruhestätte findet, ist genau genommen nicht von Bedeutung für die Ziele eines Menschenlebens. Der Gedanke an den Tod verliert sich – solange man noch Kraft hat – in dem Wunsch, produktiv zu sein. Es wird noch eine Zeit kommen, sage ich mir zuweilen, in der du die Gedanken an einen Ort der letzten Ruhe verschwendest …

PROGRESS . Prokurist Dominik Sobota

Mit unserer werblichen Gestaltung und damit verbunden der optischen und funktionalen Aufwertung des Stadtbildes möchten wir ein Stück dazu beitragen, dass sich die Bewohner in ihrer Heimat wohl-fühlen und daher auch gerne in diesem öffentlichen Raum aufhalten.

Heimat ist gerade jetzt dort, wo man sich wohlfühlt.

BRUNO SCHNABLER

… wo gerade mein Herz ist

Heimweh? Kenne ich nicht. Heimweh bedeutet ja, dass man sich so sehr nach der Heimat sehnt, dass es wehtut. Mir hat vieles im Leben wehgetan. Da brauch ich nicht auch noch Heimweh!

Heimat ist für mich nicht unbedingt der Ort, wo ich geboren bin, nicht die Gegend, in der ich meine Kindheit und Jugend verbracht habe. Ich war dort eine Zeit lang „beheimatet". Das ist alles.

Zur Welt gekommen bin ich in Niederösterreich. Meinen Geburtsort hab ich vor fünfzehn Jahren zum letzten Mal besucht. Es hat nicht wehgetan, hinzukommen, und es hat auch nicht wehgetan, wieder wegzufahren. Kein Heimweh. Ich habe nichts von damals vergessen, keinen Hügel, keinen Bach, keine Wiese. Ich kann mich im Geiste in die vertraute Landschaft zurückversetzen. Ich erinnere mich an Menschen, Erlebnisse, schöne und weniger schöne. Die Erinnerungen tun nur selten weh. Ich habe keine Sehnsucht nach damals. Die Zeit lässt sich ja auch nicht zurückdrehen.

Bevor ich nach Salzburg kam, vor 16 Jahren, war ich lange Zeit in Bad Gastein ansässig und habe mich dort „beheimatet" gefühlt. Die Landschaft des Gasteiner Tales ist wunderschön. An Gastein denke ich manchmal gerne zurück. Dann wird alles wieder lebendig. Schöne Erinnerungen, aber kein Heimweh.

Mein Heimatgefühl ist nicht an einen festen Ort gebunden. Auch nicht an meine Wohnung. Eine Wohnung ist ein Rastplatz, ein Ort zum Schlafen, Essen, zum Verstauen seiner Habseligkeiten. Aber keine Heimat. Wie zum Beispiel für eine Lokomotive die Remise keine „Heimat" ist. Die „Heimat" der Lokomotive, kann man sagen, sind die Gleise.

„Der Weg ist das Ziel", heißt es. Unterwegs sein ist wichtiger als ankommen. Wenn ich mich auf einem längeren Spaziergang befinde, irgendwo in Salzburg, und an einem mir mittlerweile sehr vertrauten Punkt, an einem lieb gewonnenen Ort vorbeikomme, entsteht manchmal dieses Heimatgefühl. Ein Gefühl der Vertrautheit und des Geborgenseins.

Was die Zukunft bringt, wo es mich vielleicht noch hin verschlägt in meinem Leben, weiß ich nicht. Das liegt in der Ferne. Ich habe auch kein Fernweh. Ich bin aber überzeugt, dass sich dort, wo auch immer ich lande, Heimatgefühl einstellen kann. Irgendwo unterwegs. Es liegt nur an mir.

Heimat ist dort, wo gerade mein Herz ist.
Aber jetzt muss ich weitergehen.

SALZBURG AG . Gunter Mackinger, Leiter Geschäftsfeld Verkehr

Heimat ist für mich das Zusammentreffen mit geliebten Menschen und ein Ort, wo ich erwartet werde.

Heimat, das waren die Familien in Österreich, der Frieden nach 45.
Heimat, das sind die alten Häuser, wo ich lebte.
Heimat waren hin und wieder die alten Professoren.

Ein Heimatsymbol hatten wir Salzburger Kinder um 1950 zu erstellen:
Tücher mit Kreuzstich-Stickerei.

GERTRAUD SCHWANINGER

hiezu

*Erzählung à la Clemens Brentano, deutscher
Romantiker, basierend auf seinem Gedicht „Heimatgefühl"*

Wie klinget die Welle!
Wie wehet ein Wind!
O selige Schwelle,
wo wir geboren sind ...

Geh', fühl' Heimat! Was klingt denn die Welle, woher weht der Wind? O selten Haus samt Schwelle, wo wir geboren sind! Du himmlisch blaue Luft, der Äther! Du irdisches Wiesengrün! Voll Lieb' und mit Treue, was wird mein Herz so kühn? Wie die Reben sich ranken! Wo ein inniger Trieb? Da meine Gedanken: Ihr habt dort alles lieb!

Da hebt sich kein Wehen, da regt sich kein Blatt. Ich kann auch verstehen, wie lieb Natur mich hat. Du ferner Himmel, was spür' ich deine Näh'? Ich griff nach den Sternen dort aus der Wiege, aus dem Kinderwagen ja! Sternderl am Weihnachtsbaum, an Vaters Wehrmachtsrock.

Treib nieder und nieder,
du herrlicher Rhein!
Du kommst mir ja wieder,
lässt nie mich allein ...
O Vater, wie bange
war mir es nach dir ...

Treibt nieder und nieder ihr Gewässer der Mutter Salzach bis hin zum Vater Inn! Ihr Wetter kommt mir ja wieder, lasst nie mich allein. Mütterlein, Mütterlein, sollst doch immer bei mir sein! Vater, dein schweres Los, wolltest ja Deutscher sein. Warst als Bub schon ein Herr am Schweizer Rhein?! Als wer kommst du mir denn wieder? Besser: Lasst mich allein? Vater, bange ist mir vor dir; versteck deine Eisen, deine Schlagkraft, den Strick noch lange vor mir. Ich hab nur selten meine Lieder, bin alt.

Du spiegelst und gleitest
im mondlichen Glanz,
die Arme du breitest,
empfange den Kranz.

Deine Tochter ist zwar hier und das wird es wohl sein: Mutter Salzach, sie spiegelt und gleitet im Mondenschein und rauscht über ihre Staumauern und hindurch. In unser aller bald kaputte Aulandschaft hinein! Lieber werf' ich ihr Blumen und Brot. Du Mutter Ache, deine vielen Arme wässern das Land, ziehe mich nicht in dir mit!

Heimat

Heimat, das sind Landkarten aller Art. Der Anzenberg im Ganzen ist sehr abwechslungsreich im Salzkammergut bei Hintersee. Der Anzengruber im Ganzen ist ziemlich vergessen und sein Buch im Regal vom Dachbodenkammerl. Im Hemat (*) wispert sie aus dem Hausbalkon wieder in die Wohnung herein: „He, Mati! Wo isch d'Katz?" „Z'erscht derfst denen den Schmutz wegräumen, dann die best' Schlafplätz' herrichten und den ganzen Tag lang lüften und schütteln und kehren", mürret er und schaut ständig nach dem Küchenmaß aus Prag, blau-weißes Email, um seinen Kaffee. „Un z' nörgele' sitzen die dann auf deinen Platz'", wispert sie weiter, „und essen sich des Frühstuck eini, Usurpatoren san s', die Katz. He Mati', mach' endli gsch-gsch zu denen!"
„Nur nicht zu der meinen, kleinen Rotweißen!", sinniert er und trinkt seinen Kaffee.

(*) *im Hemd*

Heimat – eine Wörtersammlung

Hagebutte, Haube, Holunder, Hase
Hupfauf, hacheln, hamstern

Esel, Edelstein, Ekel, Enkel
Efeu, Ende, Emaus, Ehemir

Igel, Ire contra Irre, Ibis, Inn
Instinkt, Ilmau, Igel

Meer, Marmelade, Maus, Mandel
Murmeltier, Milch, Mangel

Alter, Auge, Abel, Apfel
Affe, Ahnfrau, Angst
aft wie After

Tafel, Taugel, Tamarind, Tanne
Türke, Tiefe, Tante, Tauern

GERTRAUD SCHWANINGER

SALZBURGER GEBIETSKRANKENKASSE . Obmann Siegfried Schluckner
Soziale Sicherheit ist Heimat.

Heimat ist, wo man sich wohlfühlt, Freunde, Bekannte hat,
Sicherheit, rundum geborgen, in ein Netz eingehüllt.

Das Symbol ist die CD, wo Kärntnerlieder von einem
Männergesangsverein gesungen werden, die mich immer sehr berühren.

LUISE SLAMANIG

Grüße von der Milchstraße

Darf ich mich vorstellen: Luise, „Apropos"-Verkäuferin auf der Milchstraße. Ganz oben, über den Wolken.

„Neueste Ausgabe für zwei Sterntaler fünfzig! Lesen Sie die interessantesten Neuigkeiten aus der Schreibwerkstatt sowie urige Geschichten, die sich nur auf der Erde ereignen können! 2 Sterntaler 50! Die Hälfte bleibt der Milchstraßenzeitungsverkäuferin!"

Von einem funkelnden Stern zum anderen schweben. Das ist nur eine Vision, aber warum nicht? Wer weiß, was später, nach meinem Tod, irgendwann einmal, sein wird. Vielleicht schau ich dann wirklich von der Milchstraße auf die Glockengasse herunter?
Also, die Außerirdischen schauen ein bisschen verwundert. Ich bin ja auch die erste „Apropos"-Verkäuferin in der Galaxie. Aber umgekehrt wäre es genauso. Wir würden auch verwundert schauen.

Schön, strahlend, funkelnd und hell ist es hier. Das rückt meine Zeitungen gleich ins rechte Licht. So werde ich sie noch schneller los. Weiß jemand, ob Milchstraßenkühe, Milchstraßenkälber und sonstige Milchstraßengestalten lesen können? Und in welcher Sprache? Ich rede jedenfalls mit Engelszungen auf sie ein, dann klappt das schon. „Kaufen Sie dieses Exemplar von ‚Apropos' unbedingt, sonst versäumen Sie was! Und außerdem wissen Sie dann nicht, wie es auf der Welt zugeht!" Wo ich herkomme? Na, von der Erde, aus meiner Heimat. Was das ist, „Heimat"?

Lesen Sie meine kleine Geschichte in der Zeitung, die ich mitgebracht habe. Aber vorher bitte zwei Sterntaler fünfzig. Danke!

Heimatliche Klänge oder was ist für mich mit dem Wort „Heimat" verbunden. Zu unserer Heimat Österreich, zu diesem Land stehe ich. Was mich so verbindet, sind die Menschen, die mit einem Freud und Leid teilen! Auch mit den schwierigsten Zeiten sind wir fertig geworden. Als alte Kärntnerin habe ich mich oft schon in einem anderen Bundesland fremd gefühlt. Heimat, das heißt für mich auch, dass wir Frieden haben, und ich wünsche mir, dass es so bleibe.

Heimat – das sind die Berge, Seen (Klopeinersee!) und die zum Teil noch unberührte Natur. Wald, Wiesen und Felder.

Und dann die Musik, ein Kärntnerlied zum Beispiel. „Is schon still uman See." Das ist Heimat. Das Dorfleben und die Bräuche, die von Region zu Region verschieden sind. Gemütlichkeit, Singen, Tanzen, Feste feiern mit allem Drum und Dran. Das ist Heimat.

Wahl-Heimat heißt: dass man sich die Heimat selber wählen darf. Für mich ist das wohl die Stadt Salzburg geworden, wo ich seit 1982 lebe. Salzburg ist mir heute eine vertraute Wahl-Heimat. Die Mitarbeit bei „Apropos", der Straßenzeitung in Salzburg, hat für mich eine große Lücke im täglichen Leben geschlossen. Durch meinen großen Bekanntheitsgrad in Salzburg ist mein Selbstwertgefühl gestiegen!

Auf viele „Apropos"-Jahre – Eure Luise!

Schon wieder 2 Sterntaler 50! Jetzt werde ich mir einmal so manchen aufgehenden Stern genauer unter die Lupe nehmen. Die Sterntaler sind sicher viel wert. Mindestens so viel wie Euros.

Wie eine Rakete düse ich herum, locker und entspannt, vielleicht noch milde lächelnd und mit einem bezaubernden Feenblick, um meine „Apropos"-Exemplare zu verkaufen. Da drüben, das ist der Große Wagen. Ob es dem gefallen würde, wenn ich ihm einen Besuch abstatte, um meine Zeitungen loszuwerden? Ein interessantes Experiment. Aber wer nicht wagt, der gewinnt auch nicht.

Die Sterne leuchten so hell, dass ich nicht lange brauche – und schon habe ich 50 Sterntaler verdient. Am Sternenhimmel bin ich so was von „locker vom Hocker"!

Nun will ich wie eine Sternschnuppe wieder zurück, aber schwebend, nicht bebend, zur Erde, nach Salzburg, zu meinen KollegInnen. Wie die wohl reagieren werden, wenn ich von meinem Abstecher auf die Milchstraße erzähle?! Ich glaube, es würde wohl so mancher blass vor Neid ... oder auch verwundert sagen: „Luise, wir trauen dir das zu, dass du ausuferst. Du warst ja schon immer ein schräger Vogel, nicht nur mit deiner großen Klappe!"
Sonne, Mond, Sterne – hab euch gerne. Und lande gut wieder in der Glockengasse, wo sich die Heimstätte unserer Straßenzeitung „Apropos" befindet.

STADT SALZBURG . Bürgermeister Heinz Schaden

Zur Heimat ist für mich Salzburg geworden: meine Familie, meine Freunde, mein Lebensmittelpunkt.

Bin hier mich ablichten zu lassen.
Nun – dazu die Frage: „Was ist Heimat?"
Meines Erachtens, dass es einen immer wieder
der zu den Wurzeln des Ursprungs
zieht oder dass man andererseits einen
neuen Boden gefunden hat und sich
mental verbunden fühlt.

ROLF SPRENGEL

Vom Max und vom Ali

NA JA. ICH, EIN LEICHT FORTGESCHRITTENER JUGENDLICHER (KNAPP 70), HAB SO MEINE ANWANDLUNGEN. WIE ZUM BEISPIEL: WAS IST LEBEN – WOHER KOMMEN WIR – UND WOHIN GEHEN WIR? ODER IST ALLES NUR EIN TRAUM? DABEI FÄLLT MIR EINE GESCHICHTE EIN, EINE ETWAS TRAURIGE.

IN EINER SCHLOSSEREI IN WIEN LERNTE ICH MAX, EINEN BEGNADETEN KUNSTSCHMIED, KENNEN. ACH, ES WAR EINE FREUDE, MIT IHM ZU AR-BEITEN, UND ICH LERNTE DABEI SO VIELE FEINHEITEN. ER WAR NICHT EINFACH KUNSTSCHMIED, ER WAR EIN RICHTIGER KÜNSTLER. ICH WAR BAU- UND KONSTRUKTIONSSCHLOSSER UND HÄTTE MIR GERN NOCH VIEL MEHR VON IHM ABGESCHAUT.

ABER, WIE DAS LEBEN SO SPIELT: ICH GING WIEDER ZUM STAHLBAU, WIE FRÜHER, UND WIR, DER MAX UND ICH, VERLOREN UNS AUS DEN AUGEN.

NA JA, EIN PAAR JAHRE SPÄTER SIND WIR UNS WIEDER BEGEGNET. ICH BIN ZIEMLICH ERSCHROCKEN. WAS WAR MIT IHM GESCHEHEN? DER MAX, DER WUNDERBARE KUNSTSCHMIED, WAR SCHWER KRANK, VOM ALKOHOL KA-PUTTGEMACHT. WARUM AUCH IMMER.

ES GAB KEINE RETTUNG FÜR IHN, ABER KURZ VOR SEINEM TOD HAT ER MICH UM ETWAS GEBETEN: DASS ER NICHT IM „ZENTRAL", ALSO AUF DEM WIENER ZENTRALFRIEDHOF, ZUR LETZTEN RUHE GEBETTET WIRD, SONDERN AUF DEM FRIEDHOF VON OTTAKRING. ER WAR JA EIN OTTAKRINGER (16. „HIEB") VON GEBURT AN UND WOLLTE ZU SEINEN WURZELN ZURÜCK, DORTHIN, WO ALLES BEGONNEN HAT.

NA JA, ICH HAB MICH MIT DEM MAGISTRAT DER STADT WIEN IN VERBINDUNG GESETZT UND DEM MAX SEINEN LETZTEN WUNSCH ERFÜLLT. GEBOREN UND BEGRABEN IN OTTAKRING. IN DER NÄHE DES HAUPTTORES ZUM FRIEDHOF BEFINDET SICH EIN HEURIGER. DER HEISST: „ZUR WITWE BOLTE".

IN INNSBRUCK HAB ICH DEN ALI KENNENGELERNT. DER ALI WAR EIN JUNGER TÜRKE, SPRACH KAUM EIN WORT DEUTSCH UND BEGANN ALS HELFER IN DER WERKSTATT, IN DER ICH BESCHÄFTIGT WAR, ZU ARBEITEN. DER ALI HATTE KEINE AHNUNG VON SCHLOSSER- ODER SCHWEISSER- ODER MECHANIKERARBEITEN. HAMMER UND KNEIFZANGE WAREN IHM BISHER VÖLLIG FREMD GEWESEN.

DAS ÄNDERTE SICH SEHR SCHNELL. DER ALI WAR „A LOCKERER BUA", ABER DERART MOTIVIERT, DASS ER NACH 3 MONATEN GUT DEUTSCH VERSTAND. AUSSERDEM KONNTE ER NACH EINFACHEN ZEICHNUNGEN SELBSTÄNDIG ARBEITEN. ICH HAB MIT DEM ALI VIEL GEÜBT: DEUTSCH, AUTOFAHREN FÜR DEN FÜHRERSCHEIN. UND WENN ES MIR NICHT GUT GEGANGEN IST, HAT MICH DER ALI AUFGEBAUT.

DER ALI WAR MOSLEM: TROTZDEM LIEBTE ER SCHWEINSBRATEN MIT KNÖDEL UND TRANK DAZU GANZ GERNE EIN ODER ZWEI BIER. ICH HAB IHN EINMAL GEFRAGT: „HAT MOHAMMED DAS NICHT VERBOTEN?" UND ER, TYPISCH ALI, HAT MIR GEANTWORTET: „ACH, DU WISSEN – ALLAH IST WEIT WEG, ABER SCHWEINSBRATEN IST HIER! UND SO GUT!" IRGENDWANN HAT DER ALI GEHEIRATET UND ER FÜHLT SICH SAUWOHL BEI UNS.

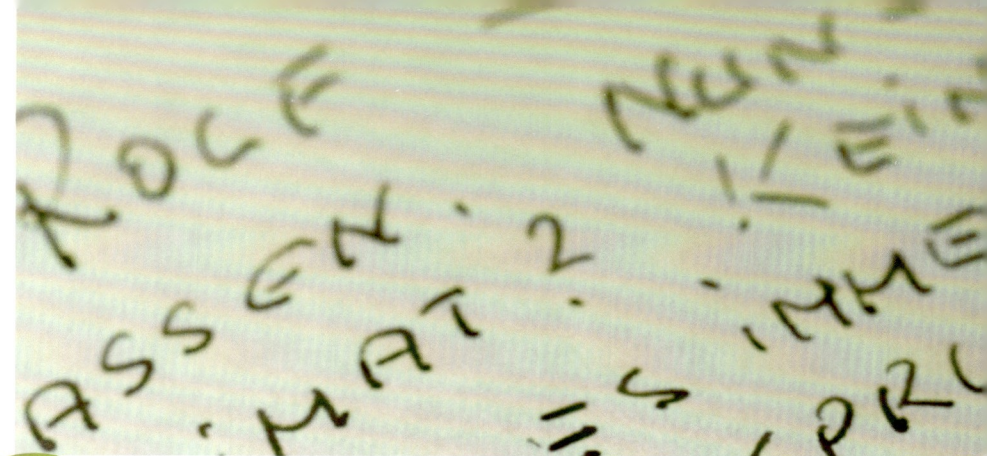

3 ZWEI KLEINE GESCHICHTEN, ABER SIE HABEN MEIN HERZ ERREICHT. ICH SELBST HABE IN 4 LÄNDERN GELEBT UND FAST IMMER HAB ICH MICH AUCH WOHLGEFÜHLT. UND ICH BIN DOCH IMMER WIEDER HIERHER ZURÜCKGEKOMMEN. NA JA, FÜR MEINE VERHÄLTNISSE BIN ICH SCHON LANGE ZU HAUSE, TROTZ FERNWEH.

ABER WAS „ZU HAUSE" EIGENTLICH BEDEUTET – DA HAB ICH KEINE AHNUNG. DER „WOHLFÜHLFAKTOR" ALLEIN KANN ES NICHT SEIN. ES MUSS IRGENDWIE IM MENTALEN BEREICH LIEGEN. EIN FRIEDHOF IN OTTAKRING? ODER WENN EINEM PLÖTZLICH DER NAME „ALI" EINFÄLLT UND EINE KLEINE GESCHICHTE DAZU?

ICH MACH MIR MEINE GEDANKEN. WARUM ZIEHT ES MICH IMMER WIEDER ZURÜCK? GIBT'S DARAUF ÜBERHAUPT EINE ANTWORT?

STADT SALZBURG . Bürgermeister-Stellvertreter Martin Panosch

Heimat ist für mich eine Träne im Augenwinkel, ein enges, aber warmes Gefühl in der Brust und ein kleines unbewusstes Lächeln auf den Lippen.

SONJA STOCKHAMMER

SONJA STOCKHAMMER

... auf dem Rücken der Pferde

Heute früh stand ein Pferd vor meiner Tür. Da schaute ich ziemlich verdutzt. Wem gehörte das Pferd? Auf dem Halfter war ein Zettel festgebunden. „Für Sonja". Ich hätte natürlich gern gefragt, von wem das Pferd sei. Und warum ausgerechnet für mich?! Es war aber niemand da, den man fragen konnte. Nur das Pferd.

Ich liebe Pferde, seit ich denken kann. Ich bin ja mit Pferden aufgewachsen. „Das Glück dieser Erde liegt auf dem Rücken der Pferde." Das stimmt hundertprozentig. Jedenfalls aus meiner Sicht. Jetzt hatte ich wieder ein Pferd, wie früher meinen „Carino", fast genauso schön und edel. Aber von wem? Von einer Fee? Von einem unbekannten Wohltäter? Oder war das nur ein Spiel? „Versteckte Kamera" oder „Verstehen Sie Spaß"?

Ich wusste es nicht. Und es war auch nicht so wichtig. Wichtig war das Pferd, das vor meiner Tür stand, gut aufgezäumt. Ich kletterte blitzschnell rauf auf den Sattel. Komisch, mein Bein tat gar nicht weh, als ich in den Bügel stieg. Sonst hab ich manchmal schon beim Gehen oder beim Stehen Schmerzen.

Jetzt saß ich also endlich wieder auf einem Pferd. Ich fühlte mich wie eine Königin. Es ist wunderschön, die Welt von hier heroben zu betrachten, ein Stück über den Köpfen der anderen Menschen. Das Pferd trabte einfach los, mitten auf der Straße. Die Autos blieben stehen und machten uns Platz. Und niemand hupte. Ich nickte freundlich mit dem Kopf, mein Pferd auch, und die Autofahrer winkten uns zu. Auch die Radfahrer und die Fußgänger. Ja, sogar der Polizist an der Kreuzung winkte und verhängte keine Strafe für unerlaubtes Reiten mitten in der Stadt. Reiten ist das Schönste auf der Welt. Auf einem Pferd ist man ein anderer Mensch.

Wir verließen die Stadt und schon ging es im Galopp durch die Gegend. Ein wunderschöner Ritt, genauso schön wie früher mit dem „Carino". Dann kamen wir zu einem kleinen Bach und ich stieg ab. Mein Pferd hatte einen Riesendurst. Und weiter im Galopp. Wir kamen zu einer Wiese und machten abermals Halt. Ich legte mich ins Gras, schaute in den Himmel und beobachtete die Wolken. So ein Glück, dachte ich. Ein eigenes Pferd! Ich muss dabei wohl eingeschlafen sein, denn als ich auf die Uhr schaute, waren zwei Stunden vergangen. Ich erschrak. Mein Pferd war noch da, Gott sei Dank. Ich glaubte schon: Vielleicht war alles bloß ein Traum. Dann kletterte ich in meinen Sattel und ritt zum Haus zurück.

Ich war glücklich, aber irgendetwas fehlte. Ich wusste nicht was. Da fragte meine Tochter: „Na, wie viele Zeitungen hast du heute verkauft?" Ich hatte keine einzige verkauft. Total vergessen, vor lauter Freude. „Reitest du mit mir?", fragte ich meine Tochter und hängte mir die Tasche mit den neuen „Apropos"-Exemplaren um. Dann ritten wir gemeinsam mitten durch die Stadt und verkauften den freundlich winkenden Autofahrern, Radfahrern und Fußgängern sehr viele Straßenzeitungen.

Und wenn wir im Moment grad nicht erreichbar sind, dann reiten wir vielleicht immer noch.

VOLKSBANK SALZBURG . Marketingleiter Klaus-Peter Lovcik
Heimat ist dort, wo du Freunde hast.

Heimat ist ein Gefühl von Geborgenheit und Friede.

Die Blumen nahm ich als Heimatsymbol mit,
da ich mich in der Natur gut fühle.
Eine Blumenwiese gibt mir ein Heimatgefühl.

HANNA S.

Heimat im Kopf

Die Gedanken schwirrten mir nur so durch den Kopf! Heimat? Was bedeutet das? Was bedeutet das für mich? Für mich ganz persönlich? Wie definiert man „Heimat"? Oder besser: Wie definiere ich „Heimat"? Gibt es das überhaupt: Heimat? Hat jeder eine Heimat oder zwei oder mehrere Heimaten? Hab ich eine oder mehrere? Eine erste, eine zweite, eine letzte Heimat? Eine Lieblingsheimat? Oder keine? Tausend Überlegungen, die ich nicht ordnen konnte, eine Unmenge von Gedanken. Gedanken, bis einem schwindlig wird. Heimat macht schwindlig?

Ich musste raus aus diesen verwirrenden Gedankengängen, also schaltete ich den Computer an und begann im Internet zu recherchieren. Wenn man im Google-Suchprogramm das Wort „Heimat" eintippt, bekommt man den Hinweis: 5.750.000 Einträge. Fünf Millionen siebenhundertfünfzigtausend Informationen, so viele, dass einem erst recht schwindlig wird. Hier soll ich Heimat finden oder wenigstens einen für mich geeigneten Satz darüber? Einen, der mir weiterhilft? Nach gar nicht so langem Suchen hab ich „meinen Satz" gefunden:

„Mit dem Wort „Heimat" können nicht nur konkrete Orte (die Heimstätte eines Menschen), sondern ganz allgemein auch reale oder vorgestellte Objekte und Menschen bezeichnet werden, mit denen sich Menschen identifizieren und sie positiv bewerten. Heimat ist die Gesamtheit der Lebensumstände, in denen ein Mensch aufwächst ..."

Mir fiel sofort dieser wundervolle Ort ein: die kleine Blockhütte am Waldesrand. Dort halte ich mich sehr gerne auf, wenn die reale Welt nicht mehr auszuhalten ist. Dort fühle ich mich glücklich und frei. Ich lebe hier mit meinen zwei Hunden und einem Pferd. Das Leben ist ganz einfach: Das Wasser hole ich vom Brunnen, für die Energiegewinnung sorgen eine Solaranlage und ein Wasserrad. Wer hat heutzutage noch ein Wasserrad! Und wer weiß, wie entspannend so ein Wasserrad wirkt? Man kann stundenlang dem Plätschern des Wassers auf den Holzbrettchen zuhören.

Ich heize mit Holz, welches ich von einem benachbarten Bauern geschenkt bekomme. Bei ihm kann ich auch Brot, Milch, Eier und Geselchtes kaufen. Fast geschenkt. Rund um mein Häuschen wachsen verschiedene Obstbäume, Äpfel, Birnen, Zwetschken, Kirschen. In meinem Garten habe ich etliche Beerensträucher und einen kleinen eingezäunten Bereich, in dem Zucchini, Gurken, Salat, Tomaten und anderes Gemüse gedeihen. Manchmal grabe ich Stunden in der Erde herum und wenn die Sonnenstrahlen dabei mein Gesicht streicheln, bin ich glücklich.

Oft reite ich in wildem Galopp mit meinem Pferd über Wiesen und Felder und genieße den Wind, der mein Haar zerzaust. Die Hunde, die mich den ganzen Tag begleiten, bellen nur, weil ihnen das scharfe Tempo beim Laufen guttut. Zu verbellen oder gar zu verjagen gibt es niemanden. Zu mir kommen Menschen, die ich mag, auf Besuch. Und die, die ich noch nicht kenne, werden nach kürzestem Beisammensein Freunde. Mein Häuschen am Waldesrand ist wie ein Zauberort. Man betritt die Hütte und ist im Gleichklang mit sich und der Welt. In meiner Blockhütte am Waldesrand fallen keine bösen Worte, keine lauten Wörter. Nur ein Lachen ist immer wieder zu hören. Kein Weinen, nur Lachen. Wie Menschen lachen, wenn es ihnen gut geht.

Na schön, die kleine Blockhütte am Waldesrand gibt es gar nicht. Nur in meiner Phantasie. Ich besitze keine Obstbäume, keine Beerensträucher, keine Solaranlage und kein Wasserrad, und in der realen Welt habe ich es auf dem Pferd übers Traben nicht hinausgeschafft. Ich kenne das Weinen fast besser als das Lachen, in Wirklichkeit. Gut, wenn man einen Kopf zum Träumen hat. Ich lebe in einer Phantasiewelt, schon seit meiner Kindheit, und fühle mich dort sicher und zuhause.

Man könnte das Ganze als Flucht vor der Realität bezeichnen, was es sicherlich auch ist. Aber ich denke, dass jeder Mensch ein Recht auf einen geschützten Ort hat. Da ich als Kind und auch später keinen solchen Ort in der realen Welt hatte, musste ich mir selbst einen schaffen, um nicht an meinem Leben zu verzweifeln.

So ganz anders als meine Traumwelt ist ja auch meine reale Welt nicht. Ich bin am liebsten mit meinen Hunden in der Natur unterwegs. Da erlebe ich oft glückliche Momente, ähnlich wie in meiner Phantasie … wenn ich dem Plätschern eines Baches zuhöre oder wenn der Wind über die Weizen-Ähren streicht und wunderschöne Muster in ein Kornfeld zaubert. Oder wenn ich meinen Hunden zusehe, wie sie glücklich und voller Übermut in der Wiese herumtollen.

Seid ihr schon einmal unter einem Baum in der Wiese gelegen und habt den Himmel in verschiedenen Abständen, zu verschiedenen Stunden betrachtet? Er ist ein Kunstwerk und sieht jedes Mal anders aus. Manchmal stehe ich spätabends unter dem Sternenzelt und staune. Da geht der Traum in die Realität und die Realität in die Phantasie über. Glückliche Momente: Heimat unter den Füßen, Heimat im Kopf.

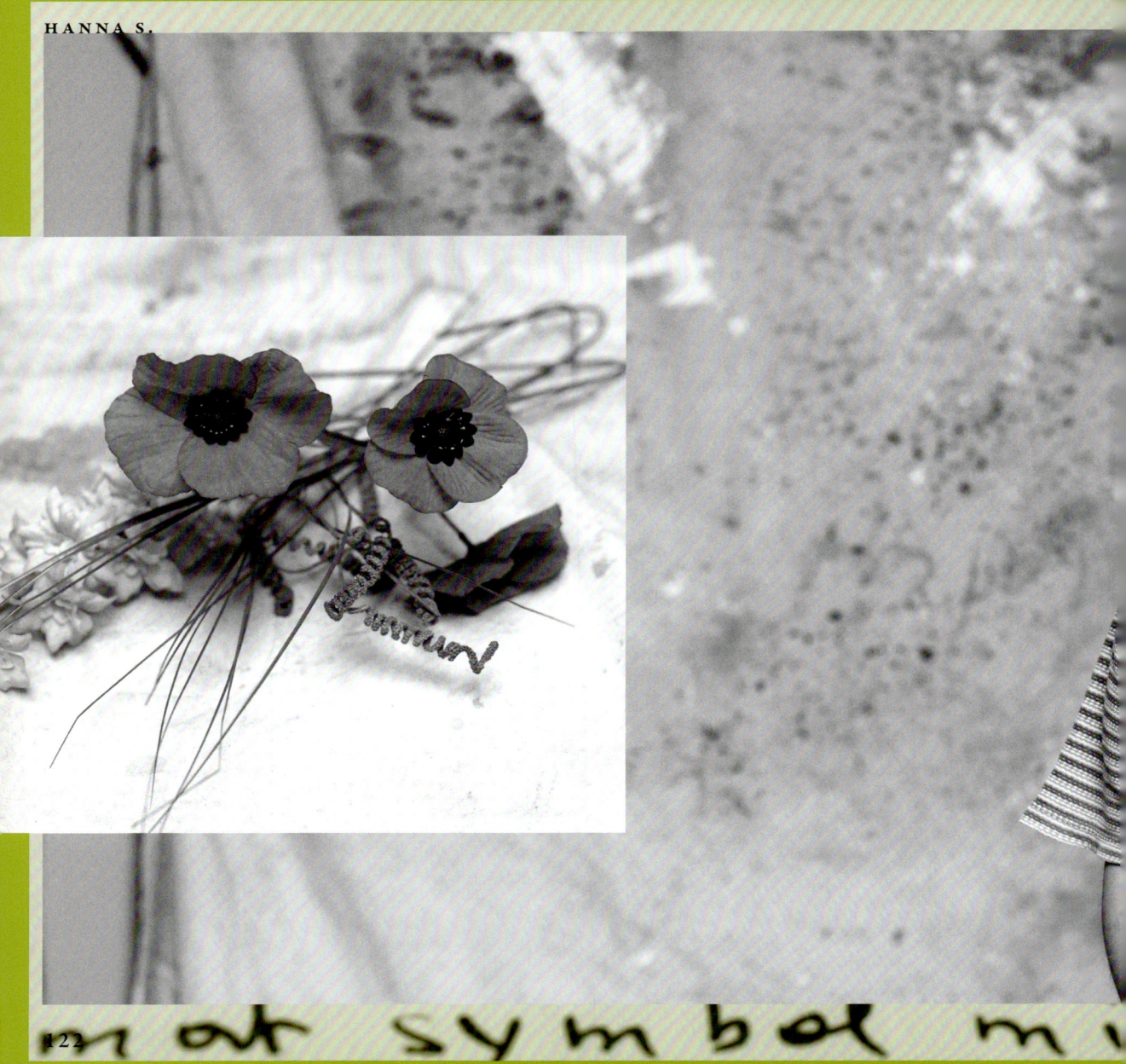

mot symbol m

WÜSTENROT . CSR-Verantwortlicher Hannes Rosner

Heimat ist Geborgenheit. Heimat bedeutet Erinnerung. Eine Heimat zu haben bedeutet Glück. Die eigenen vier Wände können zur Heimat werden. Wüstenrot hilft mit, dass Träume Wirklichkeit werden.

Heimat ist der Ort, die Zeit, wo ich mich wohlfühle.
Geboren in Salzburg, ist es das Café Bazar zu jeder Zeit.
Zweimal mindestens.

In jeder Stadt finde ich am ersten Tag meiner Anwesenheit „mein Café".
Um mich die Welt und ich mittendrin, im Café.
Ohne Café keine Heimat.

WALTER MÜLLER

WALTER MÜLLER

Der Fremde in der Heimat

Wie man den Salzburger erkennt? Ganz leicht: Der Salzburger bewegt sich ruckartig durch seine Stadt, zu jeder Jahreszeit, in der Festspielsaison nicht anders als im Advent. Er ist schneller unterwegs als der Nicht-Salzburger; er hat auch was zu erledigen in seiner Stadt, er ist ja nicht zum Vergnügen Salzburger. Schließlich erkennt man den Salzburger daran, dass er alle paar Meter den Schritt abstoppt, abrupt, als stünde er urplötzlich vor dem Abgrund. Dann verharrt er regungslos wie eine dieser silbergrauen lebenden Skulpturen, die sich immer nur bewegen, wenn man eine Münze in den Hut geworfen hat. Erst wenn auch der Letzte aus dem tausendköpfigen Touristenschwarm sein Erinnerungsfoto geschossen hat, geht der Salzburger weiter. Er weiß, wie schön Salzburg ist, und will nicht in die Urlaubsbilder der anderen trampeln. „Salzburg, im Sommer. Leider ist uns einer ins Bild gelaufen." Einer schon, aber kein Salzburger.

Dabei ist der Salzburger kein Museumswärter. Darauf legt er großen Wert. „Das ist eine Stadt und kein Museum!", brummt er manchmal in seinen Bart, wenn er doch in ein Kameraklicken getappt ist, irrtümlich. Angenommen, man bekäme für jedes Urlaubsbild, auf das man gegen seinen und des Fotografen Willen gerät, zehn Cent – man wäre ein gemachter Mann ... denkt der Salzburger, lächelt und verwirft sofort sein Lächeln. Er ist ja kein Groschenzähler!

Der Salzburger, der waschechte jedenfalls, liebt dieses Salzburg so sehr, dass ihm jede atmosphärische Veränderung im Stadtbild und im Alltagsleben das Herz bricht. Nicht mehr und nicht weniger. Er müsste ja nicht ausgerechnet durch die Getreidegasse und die Judengasse gehen, zur Stoßzeit, über den Alten Markt und den Residenzplatz. Er geht aber und zählt die Läden durch, die alteingesessenen. Und jedes Mal stellt er fest, dass „schon wieder einer weg ist". Und schon wieder ein „Fetzenladen", ein Top-Modegeschäft also, an seiner Stelle. Eine Nobelgalerie, die Edelparfümerie. Oder irgendwas mit „Change" oder „Gifts and Things". Und „Mozart for Sale".

Das Ostereier-Brimborium in der Judengasse! Ein Geschäftslokal, randvoll mit abertausenden Ostereiern, ganzjährig! Jahrelang! Jetzt haben sie doch geräumt und das Geschäftslokal steht zur Neuvermietung frei.

Das andere gibt es noch: „Christmas in Salzburg", abertausende Christbaumkugeln, Weihnachtsfirlefanz, ganzjährig, seit Jahren! So was fährt dem Salzburger in die Seele wie schwerer Föhn in den Schädel, obwohl er jedem Krämer sein Geschäft gönnt. Aber Mozart-Ostereier für den Weihnachtsbaum?!

Salzburg ist nicht Disney-City, auch wenn die Pflastermalerin gerade den alten Duck aus Entenhausen auf den Getreidegassen-Asphalt gemalt hat, einen Steinwurf neben Mozarts Geburtshaus. Alles hat seine Zeit, denkt der waschechte Salzburger und legt großen Wert darauf, dass der Christkindlmarkt nicht vor dem ersten Adventsonntag aufsperrt, höchstens eine Woche davor. Das ist nicht Kleingeistertum. Das ist die pure Liebe des Salzburgers zu seiner Stadt.

„Stille Nacht", ganzjährig! Wer denkt sich so was aus? Der waschechte Salzburger, schwermütig von Geburt an, fühlt sich manchmal direkt fremd bei sich daheim. Der oberösterreichische Landeshauptmann ist ein Oberösterreicher, der Wiener Bürgermeister ein Wiener. Der steirische Landeshauptmann ist gebürtiger Steirer. Nicht so in Salzburg! Die Salzburger Landeshauptfrau kommt aus einem Dorf in Oberösterreich, unser Bürgermeister aus Graz, und auch der Salzburger Erzbischof stammt aus der Steiermark. Lauter „Zuag'roaste", Zugereiste.

Das war ja immer schon so: Aus aller Herren Länder ist man nach Salzburg gezogen, in dieses Städtchen, traumhaft gelegen in einer Krippenlandschaft, von einem Bilderbuchfluss durchschlängelt, um hier Großes zu bauen, Bedeutendes zu gestalten, machtvoll zu regieren. Jahrhundertelang haben die Fürsterzbischöfe die Stadt geprägt, städtebaulich und politisch.
Und woher sind sie gekommen? Aus Böhmen, Südtirol, Bayern, aus Schwaben, Wien, dem Trientinischen. Italianità haben sie ins Dorf gebracht, Salzburg haben sie die große Welt übergestülpt. Später dann sind die Kunstmanager angereist und haben die Festspiele gebracht. Und der Salzburger ist Weltbürger geworden, ob er wollte oder nicht.

Wenigstens gibt's noch das „Kaslöchl" und den „Schirm-Kirchtag" und den „Knopferlmayer", denkt der Salzburger, wenn er nachts, bevor er in die üblichen Alpträume mit fotografierenden Touristenschwärmen gerät, geschlossenen Auges das Stadtbild rekapituliert. Und den „Azwanger" gibt es noch, „Wein, Spirituosen, Delikatessen – seit 1656" und den „Zuckerl-Holzermayr" neben der fürsterzbischöflichen Hofapotheke. Und die „Eisgrotte", seit seligen Kindertagen. Aber der „Foto Hülse" ist weg, und der „Mühlberger" und die „Geiger Hüte" und der „Obst und Südfrüchte Weger". Hilfiger, Zara, Swarovski, Marionnaud. Klar, Weltstadt muss Weltstadt werden, vor allem für die anderen. Und am Rathausplatz: statt dem „Spielwaren Neumüller", wo das Christkind seit ewig die Kasperltheaterfiguren, die Matchboxautos und die Kuschelhasen eingekauft hat: „Mia Shoes". Was wünschst du dir vom Christkind? – Shoes?

Der waschechte Salzburger hat seine allererste Auszeichnung als Fünfjähriger bekommen, für einen Kostümauftritt als Mozart beim Lehener Kindergarten-Faschingsfest, beispielsweise. Dann war er Fackelbube beim „Jedermann", Hirte beim Adventsingen und in den Semesterferien Aufseher in Mozarts Geburtshaus. Und Festspiel-Billeteur. Den „Jedermann" kann er auswendig wie sein Großonkel, der noch den Alexander Moissi erlebt hat. Auf dem Petersfriedhof müsste man ein Grab bekommen! „Waschecht" heißt: seit mindestens drei Generationen in dieser Stadt geboren. Das hat nichts mit dem Schnürlregen zu tun.

Die Fiakerpferde, die auf dem Residenzplatz auf Kundschaft oder auf ein Nachlassen des Regens warten, stehen jetzt also in Geruchsweite vom „Manner (mag man eben)" statt vom „Südfrüchte Wenger" und gleich neben dem „Monbijou".

Horses", sagt der Tourist und deutet Richtung Kutschen.
„Jo, hoaß is'", antwortet der Salzburger.
Hoppla, jetzt ist er doch noch mitten in ein Erinnerungsfoto getrampelt.
„Bessa hoaß is' – ois saukoit!"
Und lüftet seinen imaginären Hut vom entschwundenen „Hut-Geiger".
„Oh, very nice!"

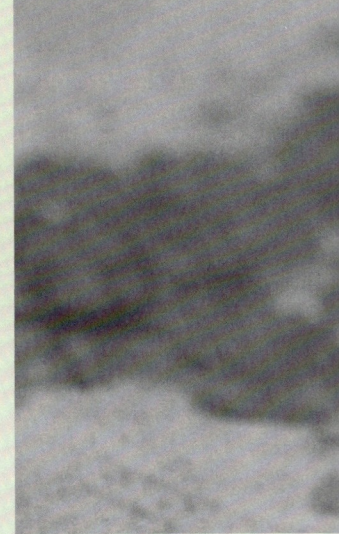

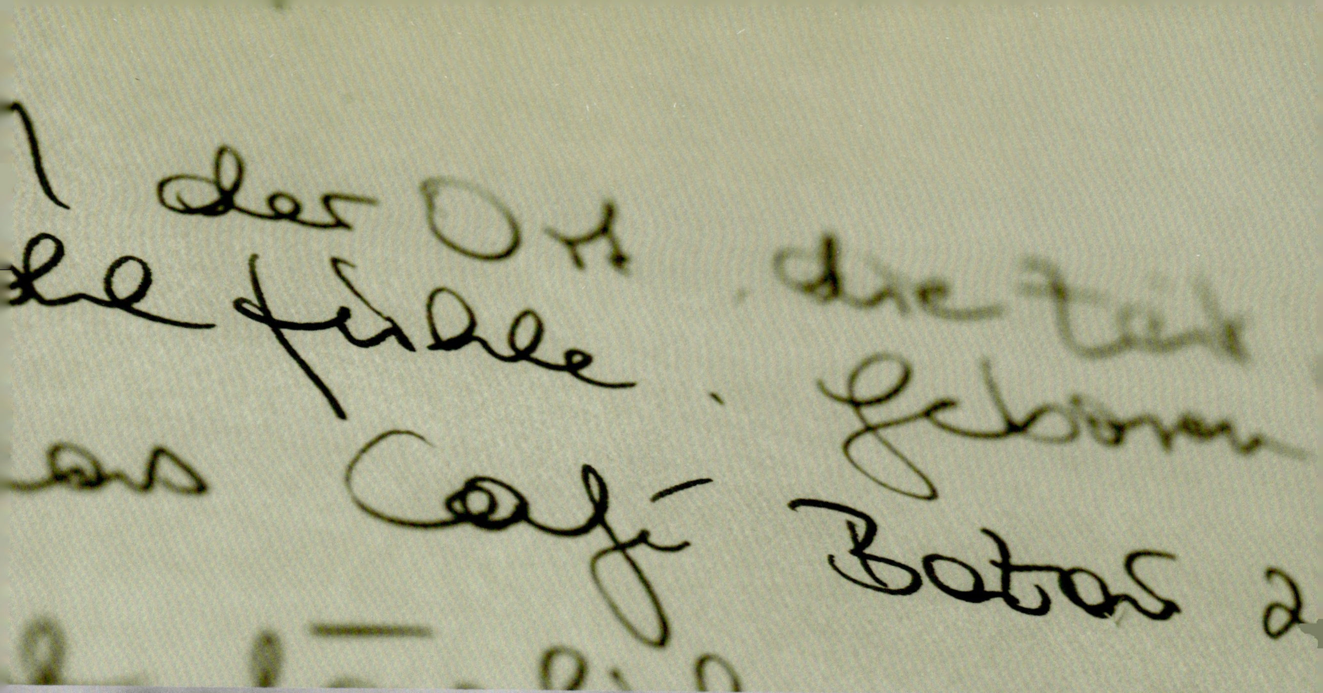
Café

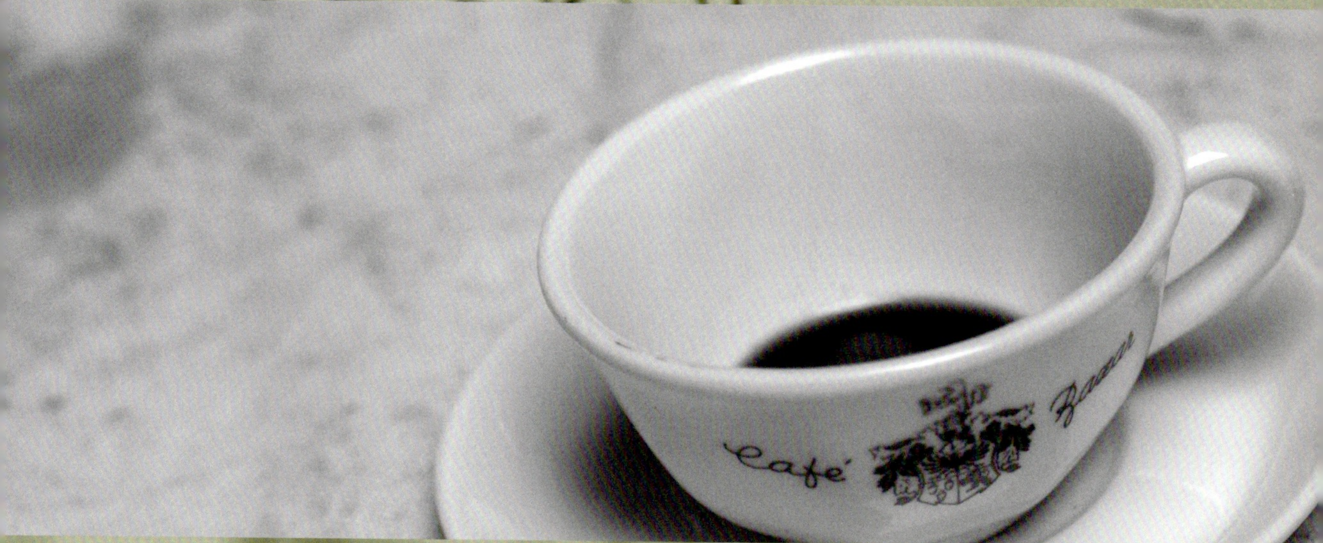
Café

CAFÉ BAZAR . Familie Brandstätter

Heimat bedeutet für mich zuallererst meine Familie (Tobias und unsere beiden Töchter Emma und Alma), wo ich mich geborgen fühle und einfach ich selbst sein kann. Aber Heimat ist für mich auch gleichbedeutend mit: Berge, Seen, den vier Jahreszeiten. Außerdem liebe ich es, morgens mit dem Fahrrad ins Bazar zu radeln, der Salzach entlang mit diesem wunderschönen Blick auf die Festung ...
(Evelyn Brandstätter)

Biografien

SCHREIBSTÄTTENLEITER + AUTOR

WALTER MÜLLER   *Seite 124*

Walter Müller ist 1950 in Salzburg geboren und hat seine Heimatstadt bis heute nicht wirklich verlassen. Er hat
als Journalist, Redakteur, Dramaturg am Salzburger Lan-
destheater gearbeitet und ist seit dreißig Jahren freischaffender Schriftsteller. Neben zahlreichen Auszeich-
nungen hat Walter Müller 2009 das Silberne Stadtsiegel
der Stadt Salzburg verliehen bekommen. Von ihm erschie-
nen u.a.: „Der Bügelmann", „Die Häuser meines Vaters",
„Schräge Vögel",„Engel, Engel, scharenweise", „Wahre Ge-
schenke" und ganz aktuell der Roman „Kleine Schritte";
ebenso zahlreiche Theaterstücke, Essays, Drehbücher, Hör-
spiele, CDs mit eigenen Kinderliedern. Seit zwei Jahren
wirkt er außerdem als Trauerredner.

EVELYNE AIGNER UND GEORG AIGNER *Seite 12*

Evelyne Aigner schreibt mitten aus dem Leben. Ein gemein-
samer Text von ihrem Ehemann Georg und ihr wurde beim In-
ternationalen Streetpaper-Award 2008 in Glasgow für den
besten weltweiten Verkäuferbeitrag nominiert. Darin be-
schrieben die beiden, wie sie sich während vieler Jahre
2000 Briefe geschrieben hatten, weil sie räumlich vonein-
ander getrennt waren.
Geboren 1968 in Wien-Währing. Kein Beruf. Verkauft Apropos seit 1999.

Georg Aigner reflektiert in seinen Berichten für Apropos
offen und schonungslos, warum das Gefängnis aus ihm einen besseren Menschen gemacht hat, und zeigt sich darin
als wacher und vifer Kopf. Meist schreibt er im Duett mit
seiner Ehefrau Evelyne.
Geboren 1969 in Stuhlfelden/Pinzgau. Erlernter Beruf:
Metzger. Verkauft Apropos seit 2006.

GERHARD ENTFELLNER *Seite 26*

Gerhard Entfellner liegt viel daran, dass seine Texte
Menschen zum Nachdenken anregen. So schreibt er in Apropos über Herzensbildung, über sein Engagement für Indien
sowie über das vergessene Massengrab jüdischer Zwangsar-
beiter in Rechnitz.
Geboren 1964 in Abtenau. Erlernter Beruf: Spediteur und
Bürokaufmann. Verkauft Apropos seit 1998.

135

OGNYAN (OGI) BORISOV GEORGIEV   *Seite 34*

Ogi Georgiev fehlen manchmal die richtigen deutschen
Worte, was ihn aber nicht davon abhält, wunderschöne Texte in „Ogi-Deutsch" zu verfassen, die dann mit Hilfe der
Apropos-Redaktion „übersetzt" werden. Seine Texte für das
Buch bestechen durch ihren Esprit, ihre Sensibilität und
ihren Tiefgang. Für die Straßenzeitung hat Ogi schon
einige Interviews mit interessanten Menschen gemacht, die
er beim Verkaufen der Zeitung kennengelernt hat. Außerdem
malt der bulgarische Feingeist gerne Cartoons.
Geboren 1963 in Pleven/Bulgarien. 2 Diplome: als Bautech-
niker und Mechatroniker. Verkauft Apropos seit 2004.

KURT IGNAZ   *Seite 42*

Kurt Ignaz schreibt leider viel zu selten für Apropos.
In der Vergangenheit zauberte er so manch berührendes
Gedicht hervor. Wir hoffen, dass er nun öfter für die
Zeitung zum Stift greift.
Geboren 1953 in Salzburg. Erlernter Beruf: Gärtner.
Verkauft Apropos seit 1999.

ERWIN KELLNER   *Seite 50*

Erwin Kellner kann gut schreiben, sträubt sich aber oft
dagegen. Dabei hätte er viel zu erzählen. In seinen Apro-
pos-Texten berichtet er von Vogelhäusern oder Leierkäs-
ten, die er selbst herstellt, oder von Geschichten, die
ihm im Alltag auffallen.
Geboren 1957 in Timelkam/OÖ. Erlernter Beruf: Wasserlei-
tungsinstallateur. Verkauft Apropos seit 2005.

KURT MAYER   *Seite 56*

Kurt Mayer hat es geschafft, sein Leben in den vergangenen Jahren von Grund auf zu ändern und zu verbessern – worüber er in Apropos schon viel geschrieben hat. Er blickt, egal, was passiert, immer positiv in die Zukunft. Dennoch möchte er irgendwann gerne ein Buch über seine Vergangenheit schreiben.
Geboren 1960 in Dornbirn. Erlernter Beruf: Bäcker.
Verkauft Apropos seit 2005.

NARCISTA MORELLI   *Seite 62*

Narcista Morelli ist eine Lebenskünstlerin, wie sie im Buche steht. Sie schnuppert mit Vorliebe in fremde Kulturen und Lebensbereiche hinein und produziert Texte am laufenden Band. Sie verarbeitet darin Selbsterlebtes und Selbsterdachtes, mit viel Dynamik, Humor und Ironie.
Geboren im Paradies im vorigen Jahrtausend.
Beruf: Künstlerin. Verkauft immer wieder Apropos seit 1997.

J. ROSARIO   *Seite 72*

J. Rosario philosophiert mit Vorliebe über Gott und die Welt, hat bereits ein feines Büchlein herausgegeben und möchte in der nahen Zukunft noch größere Schreibprojekte in Angriff nehmen. Sein Repertoire für Apropos umfasst dabei Interviews genauso wie Gedichte, Traktakte und Essays.
Geboren 1963 in Graz. Erlernter Beruf: Philosoph, Lebens- und Sozialberater, Buschauffeur. Schreibt für Apropos seit 2007.

BRUNO SCHNABLER *Seite 80*

Bruno Schnabler war schwer zu bewegen, für Apropos zu schreiben. Seit zwei Jahren jedoch findet man seine Texte in beinahe jeder Ausgabe, in der er sich Gedanken zum Schwerpunktthema macht. Manchmal sind seine Sätze von solcher Kraft und Poesie, dass sie immer wieder als Zitat Eingang ins Editorial finden.
Geboren 1959 in Niederösterreich. Erlernter Beruf: HAK-Abschluss. Verkauft Apropos seit 1998.

GERTRAUD SCHWANINGER *Seite 86*

Gertraud Schwaninger begann vor fast vierzig Jahren mit dem Schreiben von Lyrik. Später folgten Erzählungen, Tagebuchaufzeichnungen, Life-Stories und Mundartgedichte. Sie ist eine Meisterin der genauen Beobachtung und schönen Worte. „Eigentlich müsste man bei ihr ein Tonband mitlaufen lassen." – O-Ton Walter Müller.
Geboren 1942 in Kapfenberg/Stmk. Erlernter Beruf: Buchhalterin & Germanistik-Studium. Schreibt für Apropos seit 1999.

LUISE SLAMANIG *Seite 94*

Luise Slamanig thematisiert seit Zeitungs-Anbeginn ihre Verkaufserlebnisse, führt Interviews, blickt in ihre Kindheit zurück und macht sich Gedanken zum Weltgeschehen. In letzter Zeit findet sie zudem immer mehr Gefallen daran, Bücher zu rezensieren. Sie ist immer offen, neue Textformen zu erproben.
Geboren 1957 in Lippendorf/Ktn. Erlernter Beruf: Verkäuferin. Verkauft Apropos seit 1998.

ROLF SPRENGEL   *Seite 102*

Rolf Sprengel erinnert in seinem Aussehen an Ernest He-
mingway – und schreibt sogar. Allerdings hat er über die
Jahre hinweg oft Schreibpausen gemacht, was sehr bedauer-
lich ist, weil er in seinen Texten mitten aus dem Leben
schöpft – und das in einer Sprache, die hineinzieht. Seit
den Heimatbuch-Schreibwerkstätten ist er zum Glück wieder
schreibmotiviert.
Geboren 1943 in Seekirchen. Erlernter Beruf: Bauschlos-
ser/Stahl- und Anlagenbau. Verkauft Apropos seit 1998.

SONJA STOCKHAMMER   *Seite 112*

Sonja Stockhammer fühlt sich beim Verkaufen sattelfester
als beim Schreiben. Sie hat sich aber für das Heimatbuch
einen Ruck gegeben und erstmals einen Text verfasst – auf
den sie wirklich stolz sein kann.
Geboren 1970 in Ostermiething. Erlernter Beruf: Hauswirt-
schafterin. Verkauft Apropos seit 2001.

HANNA S.   *Seite 118*

Hanna S. schreibt mit Vorliebe feinsinnige Erzählungen
oder Gedichte, die „jedem von uns passieren könnten".
Sie ist eine sensible Beobachterin ihrer Umgebung und der
Menschen, die ihr begegnen. Und wenn ihr mal alles zu
viel wird, erdet sie sich mit langen Spaziergängen mit
ihren beiden Hunden.
Geboren 1967 in Niederösterreich. Erlernter Beruf: Pfle-
gehelferin und Bürokauffrau. Schreibt für Apropos seit
2007.

BERNHARD MÜLLER

Heimat? Wo ich einst aufwuchs, hier wo ich bin, dort wo ich hingehe?
So schließe ich die Augen und denke an Heimat.
Und aus dem Nichts durchströmen mich Gerüche, Geräusche, Empfindungen, nicht greifbar und doch unauslöschlich und präsent.

Auf der Suche nach den Bildern im Verborgenen, im Inneren, hinter den Augen, schenkten mir 16 Menschen das Vertrauen, sie auf eine kurze Reise in ihre Heimat begleiten zu dürfen. Ein tiefes Gefühl der Verständigung, des Erzählens ohne Worte und der Begegnung. Ich danke Euch.

Geboren 1963 in Rosenheim/Oberbayern. Ausbildung zum Fotografen. Seit 1989 freischaffender Photodesigner und Kunstphotograph, lebt und arbeitet in Salzburg.

ANNETTE ROLLNY

Aufgewachsen in Brasilien, nach dem Studium an der HfG Schwäbisch Gmünd verbrachte sie fünf Jahre in den USA und arbeitete in renommierten Designbüros. Zurück aus Übersee hatte sie unterschiedlichste Wohn- und Arbeitsorte wie eine Hütte in den Zillertaler Bergen, Frankfurt am Main oder Dießen am Ammersee. Vor sechs Jahren zog die Grafik-Designerin nach Salzburg, war bei kiska design als Head of Communication Design und leitet seit 2 Jahren gemeinsam mit Bernhard Müller „fokus visuelle kommunikation".

„Heimat ist dann, wenn ich mich wohlfühle, wenn ich barfuß durch eine feuchte Wiese gehe, wenn ich Wolkenbilder nachmale, wenn ich dem Rauschen des Meeres lausche und vor allem, dann wenn ich mit meiner Familie und Freunden bin."

140

Wir danken allen Menschen, die uns mit Herz, Hirn und Handwerk von der Idee bis zur Fertigstellung unterstützt haben.

Ihr Apropos-Team